Grundlagen der Cybersicherheit für Anfänger

Online-Bedrohungen verstehen, Passwortschutz meistern und sicher in einer vernetzten Welt bleiben

Von Joe Correa

Veröffentlicht von Live Stronger Faster

Erste Auflage

Inhaltsverzeichnis

Einleitung 4

Kapitel 1: Was ist Cybersicherheit und warum ist sie wichtig? 8

Kapitel 2: Passwörter, Passphrasen und der Schutz Ihrer Anmeldedaten 17

Kapitel 3: Betrug, Phishing und Social-Engineering-Angriffe erkennen 25

Kapitel 4: Ihre Geräte absichern — Smartphones, Computer und Tablets 32

Kapitel 5: Sicheres Surfen im Internet und Schutz Ihrer Online-Aktivitäten 40

Kapitel 6: Schutz Ihrer persönlichen Daten und Ihrer Privatsphäre im Internet 47

Kapitel 7: Schutz Ihrer E-Mail-, Messaging- und Social-Media-Konten 54

Kapitel 8: Ihre Kinder und Familie online schützen 61

Kapitel 9: Identitätsdiebstahl erkennen und darauf reagieren 68

Kapitel 10: Eine lebenslange Cybersicherheits-Denkweise entwickeln 75

Epilog: Ein sichereres Ich beginnt jetzt 82

Einleitung

Wir leben in einer Welt, die stärker vernetzt ist als je zuvor. Von intelligenten Thermostaten und Fitness-Trackern bis hin zu Online-Banking und in der Cloud gespeicherten Geschäftsdaten – unser privates und berufliches Leben ist tief mit der digitalen Landschaft verwoben. Während dieser Komfort unglaubliche Möglichkeiten bietet, öffnet er gleichzeitig die Tür zu beispiellosen Risiken. Jeden Tag setzen sich Millionen von Menschen unwissentlich Hackern, Phishing-Betrug, Identitätsdiebstahl und Datenlecks aus – nicht, weil sie unvorsichtig sind, sondern weil sie einfach nicht wissen, worauf sie achten müssen. Genau hier beginnt dieses Buch und diese Reihe.

„Grundlagen der Cybersicherheit für Anfänger" ist Ihr verständlicher Leitfaden – ganz ohne komplizierten Fachjargon – um die digitalen Bedrohungen um Sie herum zu verstehen und zu lernen, wie Sie sich selbst und Ihre Informationen schützen können. Dieses Buch wurde für ganz normale Menschen geschrieben – nicht für Technikexperten. Egal, ob Sie als Elternteil Ihre Kinder online schützen möchten, als Unternehmer Kundendaten absichern müssen oder einfach nur verhindern wollen, gehackt oder betrogen zu werden – Sie sind hier genau richtig.

Cybersicherheit ist nicht nur etwas für IT-Abteilungen und Regierungsbehörden. Sie betrifft jeden. Tatsächlich verlassen sich Cyberkriminelle oft auf Unwissenheit und Nachlässigkeit. Sie müssen keine hochentwickelten Systeme „hacken", wenn sie Menschen einfach dazu bringen können, auf einen schädlichen Link zu klicken oder dasselbe schwache Passwort für Dutzende von Konten zu verwenden. Die Wahrheit ist: Die meisten Sicherheitsverletzungen lassen sich mit den richtigen Gewohnheiten, Werkzeugen und dem nötigen Bewusstsein verhindern – und genau das wird Ihnen dieses Buch vermitteln.

Wir beginnen mit den Grundlagen: Was Cybersicherheit wirklich bedeutet, welche Arten von Bedrohungen Ihnen begegnen können und warum das Thema heute wichtiger ist denn je. Danach erklären wir Schritt für Schritt, was ein starkes Passwort ausmacht (und wie man es sich merkt), wie man Phishing-E-Mails und gefälschte Webseiten erkennt und wie Sie Zwei-Faktor-Authentifizierung sowie VPNs nutzen können, um Ihre Daten wie ein Profi zu schützen. Außerdem lernen Sie, wie Sie Ihre Geräte, Netzwerke und sogar Ihre Familienmitglieder mit einfachen und kostengünstigen Strategien absichern können.

Das Ziel dieses Buches ist es nicht, Sie mit technischem Fachjargon zu überfordern oder Ihnen Angst einzujagen. Es soll Sie mit praktischen Maßnahmen stärken, die Sie sofort umsetzen können – selbst wenn Sie sich bisher nicht als „technikaffin" betrachtet haben. Sie brauchen keinen Abschluss in Informatik, um online sicher zu bleiben. Sie brauchen nur die richtige Einstellung und die richtigen Informationen, klar und praxisnah vermittelt.

Dies ist Buch 1 der Reihe „Cyber Shield Academy", einer 10-teiligen Reise vom Anfänger zum cybersicheren Nutzer. Jedes Buch der Reihe wurde entwickelt, um Ihnen einen wichtigen Bereich der Cybersicherheit und digitalen Privatsphäre näherzubringen – vom Verständnis von Bedrohungen und der Sicherung Ihrer Geräte bis hin zum Schutz Ihres Kleinunternehmens, sicherer Kommunikation und dem Umgang mit Datenschutzgesetzen. Sie erhalten praktische Werkzeuge, Beispiele aus der realen Welt und Schritt-für-Schritt-Anleitungen, um Ihr Vertrauen in die digitale Sicherheit Stück für Stück aufzubauen.

Bevor wir beginnen, merken Sie sich eines: Cyberbedrohungen mögen zunehmen, aber Ihre Fähigkeit, ihnen einen Schritt voraus zu sein, wächst ebenfalls. Dieses Buch ist der erste Schritt, um Ihre Kontrolle in der digitalen Welt zurückzugewinnen. Das Internet wird bleiben – und die Risiken auch – doch mit dem richtigen Schutzschild können Sie sicher, selbstbewusst und souverän bleiben.

Beginnen wir Ihre Reise in die Welt der Cybersicherheit.

Kapitel 1: Was ist Cybersicherheit und warum ist sie wichtig?

Cybersicherheit ist die Praxis, Computer, Server, mobile Geräte, Netzwerke und Daten vor bösartigen Angriffen zu schützen. In der heutigen vernetzten Welt basiert fast alles, was wir tun – vom Banking und Einkaufen bis hin zum Chatten und Arbeiten – auf digitalen Systemen. Diese Systeme machen das Leben einfacher, schaffen aber gleichzeitig Schwachstellen. Cybersicherheit fungiert als unsichtbare Rüstung, die wir tragen, um unsere digitale Präsenz vor Diebstahl, Ausbeutung und Zerstörung zu schützen.

Man kann sich Cybersicherheit sowohl als persönliche Hygieneroutine als auch als nationales Verteidigungssystem vorstellen. Im kleinen Rahmen bedeutet sie, starke Passwörter zu verwenden, das Smartphone zu sperren und verdächtige Links zu vermeiden. Im größeren Maßstab geht es darum, Krankenhäuser vor Ransomware-Angriffen zu schützen, Stromnetze vor ausländischen Eindringlingen zu sichern und kleine Unternehmen vor Datenschutzverletzungen zu bewahren. Egal, ob Sie eine Einzelperson oder ein Unternehmen sind – Cybersicherheit ist Ihre erste Verteidigungslinie.

Die realen Risiken: Es geht nicht um „ob“, sondern um „wann“

Viele Menschen glauben fälschlicherweise, dass Cyberangriffe nur große Unternehmen oder sehr wohlhabende Personen betreffen. In Wirklichkeit richten sich die meisten Angriffe jedoch gegen normale Menschen und kleine Unternehmen. Warum? Weil sie leichte Ziele sind. Oft verfügen sie nicht über fortschrittliche Sicherheitsmaßnahmen, und Hacker können automatisierte Massenangriffe nutzen, um Schwachstellen auszunutzen.

Wenn Sie jemals erlebt haben, dass ein Social-Media-Konto gehackt wurde, Sie eine verdächtige E-Mail „von Ihrer Bank“ erhalten haben oder ungewöhnliche Abbuchungen auf Ihrer Kreditkarte bemerkt haben, dann haben Sie die Risiken bereits aus erster Hand erfahren. Cyberkriminelle nutzen alles – von Phishing-E-Mails und gefälschten Webseiten bis hin zu Malware, die in Apps oder kostenlosen Downloads versteckt ist. Diese Methoden erfordern wenig Aufwand, können aber Ihre Identität stehlen, Ihr Bankkonto leeren oder Ihren Ruf beschädigen.

Cybersicherheit ist heute keine Option mehr. Die Bedrohungslandschaft entwickelt sich täglich weiter – und es liegt an Ihnen, einen Schritt voraus zu bleiben. Die Grundlagen zu lernen, ist der erste und wichtigste Schritt.

Die Grundpfeiler der Cybersicherheit

Cybersicherheit basiert auf mehreren zentralen Säulen, die zusammen ein vollständiges Schutzsystem bilden. Die erste ist Vertraulichkeit – sensible Informationen privat und außerhalb falscher Hände zu halten. Dazu gehören Passwörter, Sozialversicherungsnummern, Geschäftsdokumente und medizinische Daten. Ohne Vertraulichkeit verschwindet das Vertrauen in digitale Systeme.

Die zweite Säule ist Integrität – sicherzustellen, dass Daten korrekt bleiben und nicht ohne Genehmigung verändert werden. Stellen Sie sich vor, ein Hacker könnte Ihre Bankdaten, Ihre medizinische Vorgeschichte oder Ihre Arbeitsunterlagen unbemerkt manipulieren. Die Wahrung der Datenintegrität stellt sicher, dass gespeicherte Informationen der Wahrheit entsprechen.

Dann folgt Verfügbarkeit – sicherzustellen, dass Informationen und Systeme für die richtigen Personen zugänglich sind, wenn sie benötigt werden. Beispielsweise können Denial-of-Service-Angriffe ganze Webseiten oder Dienste lahmlegen. Hohe Verfügbarkeit ist sowohl für Unternehmen als auch für Nutzer entscheidend, die auf Echtzeitzugriff angewiesen sind.

Wenn Sie von Cybersicherheit hören, geht es letztlich um den Schutz dieser drei Prinzipien: Vertraulichkeit, Integrität und Verfügbarkeit – auch bekannt als die „CIA-Triade".

Cyberkriminelle: Wer sind sie und was wollen sie?

Nicht alle Hacker tragen Kapuzenpullis und sitzen in Kellern. Tatsächlich gibt es Cyberkriminelle in vielen Formen – und nicht alle sind menschlich. Manche sind Einzelgänger, die aus persönlichem Gewinn handeln, andere sind staatlich unterstützte Gruppen, die digitale Kriegsführung betreiben. Einige nutzen Ransomware, um Systeme zu sperren und Lösegeld zu fordern. Andere geben sich als Ihre Bank oder Ihr Arbeitgeber aus. Wieder andere verwenden Bots und KI-gestützte Skripte, um Tausende Nutzer gleichzeitig anzugreifen.

Ihre Motive sind unterschiedlich. Manche wollen einfach Geld. Andere streben politischen Einfluss, Rache, Zugang zu geistigem Eigentum oder Ansehen in der Unterwelt des Darknets an. Einige Angriffe sind zufällig, andere hochgradig gezielt und ausgeklügelt. Je besser Sie die Denkweise eines Cyberkriminellen verstehen, desto besser können Sie sich schützen.

In diesem Kapitel geht es nicht um Angst, sondern um Bewusstsein. Sobald Sie die verschiedenen Bedrohungen und die Menschen dahinter erkennen, beginnen Sie, die Kontrolle zurückzugewinnen.

Die Kosten der Ignoranz: Persönliche und berufliche Folgen

Die Folgen, Cybersicherheit zu ignorieren, gehen weit über ein gehacktes Facebook-Konto hinaus. Auf persönlicher Ebene können Ihre Identität gestohlen, Ihr Bankkonto geleert, Ihre Kreditwürdigkeit zerstört oder Ihre Fotos veröffentlicht werden. Auf beruflicher Ebene kann ein einziges Datenleck den Ruf eines Unternehmens ruinieren, Klagen auslösen oder zu verheerenden finanziellen Strafen führen.

Zum Beispiel könnte ein Kleinunternehmer durch einen Phishing-Angriff alle Kundendaten verlieren und dadurch Kunden sowie potenzielle Einnahmen einbüßen. Ein Freelancer könnte sein gesamtes Portfolio durch Ransomware verlieren. Schon ein einziger Klick auf den falschen Link kann Malware freisetzen, die sich über Geräte und Netzwerke verbreitet.

Cybersicherheit ist nicht nur ein Technikthema – sie betrifft das Leben selbst. Sie beeinflusst Ihre Finanzen, Ihre Arbeit, Ihre Familie und Ihren inneren Frieden. Je proaktiver Sie sind, desto weniger reaktiv müssen Sie handeln, wenn etwas schiefgeht.

Die Einstellung eines Anfängers: Sie müssen kein Technikgenie sein

Die gute Nachricht ist, dass man keine technische Ausbildung oder Programmierkenntnisse benötigt, um die Grundlagen der Cybersicherheit zu erlernen. Was Sie brauchen, ist Bewusstsein, der Aufbau guter Gewohnheiten und die Bereitschaft, Verantwortung für Ihr digitales Leben zu übernehmen. Genau wie das Abschließen Ihrer Haustür sollte Cybersicherheit zur Selbstverständlichkeit werden.

Beginnen Sie damit, den Wert Ihrer Informationen zu verstehen. Jede E-Mail, jedes Passwort, jeder Login und jedes Foto kann ein möglicher Zugangspunkt für Cyberkriminelle sein. Gewöhnen Sie sich außerdem an, alles zu hinterfragen: Stammt diese E-Mail wirklich von der Person, die sie vorgibt zu sein? Ist diese Webseite sicher? Ist mein Passwort zu leicht zu erraten? Diese kleinen Veränderungen in Ihrer Denkweise können enorme Schutzwirkungen haben.

Dieses Kapitel bildet die Grundlage für den Rest des Buches – und der gesamten Reihe. Mit der Zeit werden Sie sich von grundlegenden Schutzstrategien zu fortgeschrittenen

Sicherheitspraktiken entwickeln. Doch egal, wie weit Sie gehen: Cybersicherheit beginnt mit einer Entscheidung – der Entscheidung, Ihre digitale Sicherheit ernst zu nehmen.

Der Weckruf

Sophia hatte sich nie viele Gedanken über Cybersicherheit gemacht. Sie war freie Autorin Anfang dreißig und arbeitete von ihrer gemütlichen Wohnung außerhalb von Seattle aus. Ihre Morgen begannen meist mit einer Tasse Kaffee, einem Blick in die sozialen Medien und der Arbeit an den Projekten ihrer Kunden. Ihr Leben war einfach und digital. Wie die meisten Menschen verwendete sie dieselben Passwörter mehrfach, klickte bei Software-Updates auf „Später erinnern“ und nahm an, dass ihr fünf Jahre altes Antivirenprogramm irgendwo im Hintergrund noch lief.

An einem Montagmorgen öffnete sie ihren Laptop und bemerkte sofort, dass etwas nicht stimmte. Ein blinkender roter Bildschirm hatte ihren Desktop ersetzt. Eine Nachricht erschien: „Ihre Dateien wurden verschlüsselt. Zahlen Sie 1.200 Dollar in Bitcoin, um Ihre Daten wiederherzustellen.“ Ihr wurde schlecht. Sie versuchte, das Fenster zu schließen, aber nichts funktionierte. Alle ihre Dokumente – Artikel, Verträge und sogar persönliche Fotos – waren gesperrt. Sie verstand nicht, wie das passieren konnte. Und das Schlimmste war: Sie wusste nicht einmal, wo sie anfangen sollte.

Als die Stunden vergingen, geriet Sophia in Panik. Sie rief ihren technikaffinen Freund Mike an, der ihr schnell erklärte, dass sie wahrscheinlich Opfer von Ransomware geworden war – einer Art Cyberangriff, bei dem Hacker Dateien sperren und Lösegeld verlangen. „Hast du in letzter Zeit etwas Merkwürdiges angeklickt?“, fragte er.

Sophia erinnerte sich an eine E-Mail, die scheinbar von der Firma ihres Kunden stammte. Der Betreff lautete „Rechnung im Anhang“, und sogar der Name ihres Kunden wurde verwendet. Ohne nachzudenken, hatte sie auf den Link geklickt und eine Datei geöffnet, die wie eine Tabelle aussah. Das war drei Tage zuvor gewesen.

Mike seufzte. „Das war wahrscheinlich der Auslöser. Diese Phishing-E-Mails sehen heute unglaublich echt aus. Beim nächsten Mal musst du den Absender genauer prüfen und niemals zufällige Anhänge öffnen.“

Sophia fühlte sich dumm. Sie war kein leichtsinniger Teenager auf dubiosen Webseiten. Sie wollte einfach nur ihre Arbeit erledigen. Doch irgendwie hatte sie jemanden durch ihre digitale Haustür gelassen – und jetzt stand alles auf dem Spiel.

Kapitel 2: Passwörter, Passphrasen und der Schutz Ihrer Anmeldedaten

Passwörter sind die älteste Form digitaler Sicherheit, und dennoch bleiben sie eines der schwächsten Glieder der persönlichen Cybersicherheit. Jede App, jede E-Mail, jedes Bankkonto und jeder Cloud-Dienst beginnt mit einem einfachen Login – einem Benutzernamen und einem Passwort. Doch wenn diese eine Verteidigungslinie schwach ist, ist alles dahinter gefährdet.

Viele Menschen glauben, dass Cyberkriminelle Passwörter mit hochentwickelten Algorithmen knacken, doch die Wahrheit ist oft viel einfacher – Angreifer nutzen menschliches Verhalten aus. Menschen verwenden häufig dieselben Passwörter mehrfach, wählen leicht zu erratende Begriffe wie „password123“ oder speichern ihre Passwörter unsicher. Deshalb beginnt ein großer Teil aller Hacks mit kompromittierten Zugangsdaten. Tatsächlich hängen über 80 % aller Datenschutzverletzungen mit schwachen oder wiederverwendeten Passwörtern zusammen. Die Verbesserung Ihrer Login-Gewohnheiten gehört zu den einfachsten und wirkungsvollsten Maßnahmen, um sich online zu schützen.

Die Anatomie eines starken Passworts und einer starken Passphrase

Es gibt einen Unterschied zwischen einem Passwort und einer Passphrase. Ein Passwort ist oft ein einzelnes Wort oder eine Zeichenfolge – etwa „Sommer2024!" oder „Johnny!123". Eine Passphrase hingegen ist eine längere, satzähnliche Kombination wie „GiraffenTanzenUmMitternacht2025!" oder „IchLiebeMeinenHundRex&KaffeeJedenTag". Passphrasen sind schwieriger zu erraten, leichter zu merken und deutlich sicherer.

Starke Passwörter oder Passphrasen sollten drei Prinzipien folgen: Länge, Komplexität und Einzigartigkeit. Länge ist entscheidend – je länger, desto besser. Komplexität bedeutet die Mischung aus Groß- und Kleinbuchstaben, Zahlen und Sonderzeichen. Einzigartigkeit bedeutet, niemals dasselbe Passwort für mehrere Konten zu verwenden. Eine starke Passphrase kann aus einer Kombination zufälliger Wörter, einem ungewöhnlichen Satz oder einer Formulierung bestehen, die nur Sie verstehen. Vermeiden Sie Namen, Geburtstage oder andere leicht identifizierbare Informationen.

Ein einziges Master-Passwort für alles zu verwenden, ist so, als würden Sie denselben Schlüssel für Ihr Haus, Ihr Auto, Ihren

Briefkasten und Ihr Büro benutzen – verlieren Sie ihn einmal, ist alles kompromittiert.

Die Gefahr der Wiederverwendung von Passwörtern

Es ist verlockend, ein Passwort mehrfach zu verwenden – besonders für Konten, die nicht „wichtig“ erscheinen. Doch Hacker unterscheiden nicht. Sie beginnen oft mit den am wenigsten geschützten Plattformen – etwa einer Essensliefer-App oder einem alten Forum – und arbeiten sich dann zu Ihren zentralen Konten vor.

Diese Strategie nennt sich Credential Stuffing – Angreifer verwenden gestohlene Benutzernamen und Passwörter aus Datenlecks und testen sie automatisch auf anderen Webseiten, in der Hoffnung, dass Sie dieselben Zugangsdaten erneut verwendet haben. Wenn Ihr Passwort aus einer Fitness-App im letzten Jahr geleakt wurde und Sie dasselbe Passwort auch für Gmail nutzen, könnten Sie eines Tages aufwachen und feststellen, dass Ihr E-Mail-Konto übernommen, Ihr Bankkonto angegriffen oder Ihre Social-Media-Profile gelöscht wurden.

Für jedes Konto ein einzigartiges Passwort zu verwenden, ist unerlässlich – besonders für E-Mail, Online-Banking, Cloud-Speicher und berufliche Plattformen. Diese Konten sind wertvolle Ziele und können bei einer Kompromittierung zu ernsthaften persönlichen und finanziellen Schäden führen.

Wie man Passwörter verwaltet, ohne den Verstand zu verlieren

Bei Dutzenden oder sogar Hunderten von Konten stellt sich die Frage: Wie soll man sich für jedes ein einzigartiges Passwort merken? Die Antwort lautet: Passwort-Manager. Ein Passwort-Manager ist ein sicherer digitaler Tresor, der starke, einzigartige Passwörter für jedes Konto speichert und generiert. Sie müssen sich nur ein einziges Master-Passwort merken, um auf den Tresor zuzugreifen.

Beliebte Passwort-Manager wie 1Password, Bitwarden und LastPass verschlüsseln Ihre Daten und synchronisieren sie über verschiedene Geräte hinweg. Sie können Anmeldedaten automatisch ausfüllen, starke neue Passwörter vorschlagen und Sie auf schwache oder wiederverwendete Passwörter hinweisen. Die Nutzung eines Passwort-Managers erhöht nicht nur Ihre Sicherheit, sondern vereinfacht auch Ihr digitales Leben.

Wenn Sie noch nicht bereit sind, einen vollständigen Passwort-Manager zu verwenden, beginnen Sie mit einer Zwischenlösung: Nutzen Sie ein Notizbuch, das sicher zu Hause aufbewahrt wird (niemals online), oder entwickeln Sie

Passphrasen nach einem persönlichen Muster, das nur Sie verstehen. Vermeiden Sie jedoch unbedingt, Passwörter auf Haftnotizen zu schreiben oder in Browser-Notizen, E-Mails oder unverschlüsselten Cloud-Dateien zu speichern.

Ein zweites Schloss hinzufügen: Zwei-Faktor-Authentifizierung (2FA)

Selbst das stärkste Passwort kann kompromittiert werden. Deshalb ist die Zwei-Faktor-Authentifizierung (2FA) für jedes wichtige Konto unverzichtbar. 2FA fügt nach der Passworteingabe einen zusätzlichen Schritt hinzu – meist einen Einmalcode, der per SMS, E-Mail oder über eine Authenticator-App wie Google Authenticator oder Authy gesendet wird.

Betrachten Sie 2FA als ein zweites Schloss an Ihrer digitalen Haustür. Selbst wenn ein Hacker Ihr Passwort stiehlt, benötigt er zusätzlich den temporären Code von Ihrem zweiten Gerät. Dadurch sinkt das Risiko eines unbefugten Zugriffs drastisch.

Aktivieren Sie 2FA für Ihre E-Mails, Banking-Apps, Social-Media-Konten, Cloud-Speicher und überall dort, wo diese Funktion angeboten wird. Vermeiden Sie nach Möglichkeit SMS-basierte 2FA, da Telefonnummern durch sogenannte SIM-Swapping-Angriffe übernommen werden können. Authenticator-Apps oder physische Sicherheitsschlüssel wie YubiKey sind deutlich sicherer.

Sich selbst trainieren, wie ein Passwort-Profi zu denken

Cybersicherheit dreht sich nicht nur um Werkzeuge – sondern auch um Denkweise. Beginnen Sie, Ihre Zugangsdaten wie Bargeld zu behandeln. Sie würden keine hundert-Dollar-Scheine offen in Ihrer Wohnung oder Ihrem Büro liegen lassen, und dennoch speichern viele Menschen ihre Passwörter in unverschlüsselten Textdateien oder Notiz-Apps. Trainieren Sie sich, jeden Login zu hinterfragen: Bin ich wirklich auf der richtigen Webseite? Ist diese Verbindung sicher? Wurde dieses Passwort bereits woanders verwendet?

Machen Sie jeden Tag kleine Schritte. Überprüfen Sie Ihre aktuellen Passwörter mit einem Passwort-Checker. Ersetzen Sie die schwächsten Logins durch stärkere Varianten. Stellen Sie Kalender-Erinnerungen ein, um wichtige Passwörter vierteljährlich zu aktualisieren. Nutzen Sie 2FA, wo immer es möglich ist. Und vor allem: Hören Sie auf zu denken: „Mir passiert das nicht."

Der Schutz Ihrer Anmeldedaten ist die grundlegendste und zugleich wichtigste Gewohnheit der Cybersicherheit. Mit nur wenigen Verbesserungen Ihrer Passwort-Hygiene werden Sie deutlich sicherer sein als der durchschnittliche Nutzer – und wesentlich seltener Opfer des nächsten Datenlecks oder Betrugs werden.

Passwörter, Passphrasen und der Schutz Ihrer Anmeldedaten

Derrick hatte sich immer als „Technik-Typ" gesehen. Er verwaltete seinen eigenen E-Commerce-Shop, betrieb mehrere Online-Konten für Produktlieferanten und speicherte alles – von Rechnungen bis hin zu Produktfotos – in Cloud-Ordnern. Er war kein Cybersicherheitsexperte, aber er hielt sich für vorsichtig – oder zumindest glaubte er das.

Eines Abends, während er grünen Tee trank und eine Produktanzeige aktualisierte, wurde er plötzlich aus seiner eigenen Webseite ausgesperrt. Zunächst dachte er an einen Fehler. Vielleicht war seine Sitzung abgelaufen. Doch als er sich erneut anmelden wollte, funktionierte sein Passwort nicht mehr. Er klickte auf „Passwort vergessen" und wartete auf die E-Mail zum Zurücksetzen. Nichts kam an. Er versuchte es erneut. Wieder nichts.

Er öffnete seine E-Mail-App. Auch diese war gesperrt. Langsam machte sich Panik breit. Er griff nach seinem Handy und entdeckte eine seltsame Nachricht: „Wir haben die

Kontrolle über Ihre Konten übernommen. Wenn Sie wieder Zugriff wollen, senden Sie 500 Dollar in Bitcoin." Sein Kiefer verspannte sich. Innerhalb weniger Minuten hatte jemand seine digitale Identität gestohlen – und Derrick hatte keine Ahnung, wie das passieren konnte.

Kapitel 3: Betrug, Phishing und Social-Engineering-Angriffe erkennen

Cyberbedrohungen beginnen oft nicht mit durchbrochenen Firewalls oder hochentwickelter Malware. Sie beginnen mit Täuschung. Eines der effektivsten und gefährlichsten Werkzeuge im Arsenal eines Hackers ist nicht Code, sondern Manipulation. Social Engineering ist die Kunst, Menschen dazu zu bringen, sensible Informationen preiszugeben oder Zugang zu Systemen zu gewähren – ganz ohne gewaltsames Eindringen. Diese Angriffe nutzen die menschliche Natur aus, nicht Maschinen. Sie setzen auf Dringlichkeit, Angst, Vertrauen und Neugier, um digitale Schutzmechanismen zu umgehen. Tatsächlich machen Phishing und Social Engineering den Großteil erfolgreicher Sicherheitsverletzungen aus und zeigen damit, dass nicht nur Systeme, sondern auch der menschliche Geist geschützt werden muss.

Phishing erklärt: Köder und Haken der digitalen Welt

Phishing ist die häufigste Form des Social Engineering. Dabei handelt es sich meist um betrügerische E-Mails, SMS oder Nachrichten, die scheinbar von vertrauenswürdigen Quellen stammen – etwa Ihrer Bank, einem bekannten Händler oder sogar jemandem aus Ihrer Kontaktliste. Diese Nachrichten drängen häufig zu sofortigem Handeln: „Klicken Sie hier, um Ihr Konto zu verifizieren", „Ihr Passwort wurde kompromittiert – ändern Sie es jetzt" oder „Wir haben ungewöhnliche Aktivitäten auf Ihrer Karte festgestellt." Oft führen sie zu Webseiten, die exakt wie die Login-Seite Ihrer Bank aussehen – jedoch gefälscht sind. Sobald Sie Ihre Zugangsdaten eingeben, werden sie direkt an den Angreifer übermittelt.

Diese Betrugsmaschen entwickeln sich rasant weiter. Moderne Phishing-Nachrichten enthalten oft persönliche Informationen, Firmenlogos oder sogar komplette E-Mail-Verläufe. Das Ziel ist es, ein falsches Gefühl von Legitimität zu erzeugen. Ein einziger Klick oder eine einzige Antwort reicht oft aus, um die Kontrolle über Ihre digitale Identität zu verlieren. Warnsignale wie schlechte Grammatik, verdächtige Links, unerwartete Anhänge und Nachrichten, die Sie unter Druck setzen, schnell zu handeln, zu erkennen, ist Ihre erste Verteidigungslinie.

Varianten des Phishings: Spear Phishing, Smishing und Vishing

Nicht alle Phishing-Angriffe sind allgemein oder zufällig. Manche sind gezielt und individuell angepasst. Diese Form nennt man Spear Phishing – dabei recherchiert der Angreifer eine bestimmte Person oder Organisation und erstellt speziell zugeschnittene Nachrichten. Solche Angriffe sind schwerer zu erkennen, weil sie relevant erscheinen und oft echte Projekte, Personen oder Abteilungen erwähnen. Beispielsweise könnte eine Nachricht scheinbar von Ihrer Personalabteilung stammen und um aktualisierte Bankdaten bitten. Eine falsche Bewegung – und Ihr Gehalt landet auf dem Konto eines Hackers.

Weitere Phishing-Varianten sind Smishing (Phishing über SMS) und Vishing (Voice-Phishing über Telefonanrufe). Ein Smishing-Angriff könnte sich als Lieferbenachrichtigung oder Bankwarnung tarnen. Ein Vishing-Anruf könnte angeblich vom technischen Support oder sogar vom Finanzamt kommen. Diese Methoden sind besonders gefährlich, weil sie Menschen unvorbereitet treffen – sie wirken real und dringend, und viele Opfer denken nie daran, die Echtheit zu überprüfen.

Zu verstehen, dass Phishing inzwischen E-Mail, Telefon, SMS und sogar soziale Medien umfasst, hilft Ihnen, auf allen Ebenen wachsam zu bleiben.

Social-Engineering-Taktiken und warum sie funktionieren

Social-Engineering-Angriffe bestehen nicht nur aus gefälschten Nachrichten. Sie sind psychologisch. Angreifer nutzen Emotionen wie Angst, Aufregung, Autorität oder Hilfsbereitschaft aus. Manche geben sich als Kollegen aus, die keinen Zugriff mehr auf ihr Konto haben. Andere spielen einen gestressten Kunden. Manche geben sich sogar als Sie selbst aus.

Das Gefährlichste an Social Engineering ist, wie gewöhnlich es sich anfühlt. Vielleicht erhalten Sie einen Anruf von jemandem, der behauptet, aus der IT-Abteilung zu sein und Ihre Zugangsdaten benötigt, um „das System zu aktualisieren". Oder jemand schreibt Ihnen im Namen Ihres CEOs und bittet Sie, Geschenkkarten für ein „Kundentreffen" zu kaufen. Diese Angriffe funktionieren nicht, weil Menschen dumm sind, sondern weil die Anfrage alltäglich erscheint.

Was Social Engineering so gefährlich macht, ist seine Flexibilität – es benötigt weder Malware noch fortgeschrittenen Code. Es reicht, wenn Sie Ja sagen, zu schnell klicken oder Legitimität annehmen, ohne nachzuprüfen.

Wie man verdächtige Aktivitäten erkennt und darauf reagiert

Die Verteidigung gegen Phishing und Social Engineering beginnt mit Skepsis. Gehen Sie nicht automatisch davon aus, dass jede E-Mail, Nachricht oder jeder Anruf legitim ist – selbst wenn er vertraut wirkt. Überprüfen Sie immer die vollständige Absenderadresse. Fahren Sie mit der Maus über Links, um das tatsächliche Ziel anzuzeigen. Wenn die Domain verdächtig aussieht oder kleine Schreibfehler enthält – etwa „paypa1.com" statt „paypal.com" – klicken Sie nicht darauf. Geben Sie die URL stattdessen selbst in Ihren Browser ein.

Wenn sich etwas falsch anfühlt, halten Sie inne. Handeln Sie nicht unter Druck. Nehmen Sie sich ein paar Minuten Zeit, um die Anfrage zu überprüfen. Rufen Sie den Absender direkt über eine bekannte Nummer an. Melden Sie verdächtige Nachrichten Ihrer IT-Abteilung, Ihrem E-Mail-Anbieter oder Ihrer Sicherheitsplattform.

Moderne E-Mail-Systeme filtern zwar viele Spam- und Phishing-Versuche heraus, doch kein Filter ist perfekt. Bleiben Sie besonders wachsam, wenn es um Geld, Passwörter oder dringende Anfragen geht. Falls Sie doch auf einen Angriff hereinfallen, handeln Sie sofort: Ändern Sie Ihre Passwörter, informieren Sie Ihre Bank und melden Sie die Sicherheitsverletzung allen betroffenen Stellen.

Ihre persönliche „menschliche Firewall" aufbauen

Firewalls und Antivirenprogramme schützen Ihre Geräte – aber die stärkste Verteidigung befindet sich zwischen Ihren Ohren. Sie selbst sind die erste und letzte Verteidigungslinie. Der beste Weg, eine „menschliche Firewall“ aufzubauen, besteht aus Bewusstsein und Gewohnheiten. Entwickeln Sie gesunde Skepsis, begrenzen Sie persönliche Informationen, die Sie online teilen, und behandeln Sie unerwartete Nachrichten mit Vorsicht.

Cyberkriminelle müssen Ihre Systeme nicht durchbrechen, wenn sie Sie dazu bringen können, ihnen die Tür zu öffnen. Doch sobald Sie verstehen, wie diese Taktiken funktionieren – und wie Sie sie erkennen –, verlieren sie ihre Macht. Denken Sie daran: Jeder Betrug hat eines gemeinsam – er hängt davon ab, dass Sie ihn für echt halten. Sobald Sie nicht mehr auf den Köder hereinfallen, verlieren die Angreifer ihren Vorteil.

Dieses Kapitel vermittelt Ihnen die Denkweise, zu hinterfragen, zu überprüfen und immer einen Schritt voraus zu bleiben. Im weiteren Verlauf lernen Sie, wie Sie Ihre Geräte, Browser und Netzwerke absichern – denn der Schutz Ihrer Logins und das Erkennen von Betrug sind erst der Anfang intelligenter Cybersicherheit.

Die Nachricht, die alles veränderte

Janet war eine äußerst organisierte Assistentin der Geschäftsführung in einer schnell wachsenden Anwaltskanzlei in Austin. Sie hatte ein Talent dafür, Termine zu koordinieren, Besprechungen zu planen und ihren Chef stets auf Kurs zu halten. Ihr Posteingang war ständig voller E-Mails von Lieferanten, Anwälten und Mandanten – und sie war stolz darauf, nie etwas zu übersehen.

An einem Freitagmorgen erhielt sie eine E-Mail mit dem Betreff „Dringend". Sie schien von David zu stammen, dem geschäftsführenden Partner der Kanzlei. Zumindest sah es so aus.

Die Betreffzeile lautete: „Brauche diese Geschenkkarten heute für Kundentermin." Die Nachricht war kurz und direkt: „Janet, ich bin den ganzen Morgen vor Gericht und komme nicht weg. Kannst du bitte fünf Apple-Geschenkkarten im Wert von jeweils 200 Dollar kaufen und mir die Codes vor 11 Uhr schicken? Wichtiges Kundentreffen heute – ich erstatte dir das Geld später. Danke – David."

Janet dachte nicht lange nach. Sie war an spontane Aufgaben gewöhnt. Sie nahm ihre Tasche und fuhr zum nächsten Geschäft.

Bis 10:30 Uhr hatte sie Geschenkkarten im Wert von 1.000 Dollar mit ihrer eigenen Kreditkarte gekauft und die Codes an „David“ geschickt. Wenige Minuten später kam eine weitere E-Mail: „Perfekt. Noch ein Gefallen – kannst du fünf weitere holen?“

Irgendetwas an dieser zweiten Anfrage ließ sie innehalten. David war großzügig, aber das erschien ihr übertrieben. Sie schaute erneut auf die Absenderadresse und bemerkte etwas Seltsames. Die E-Mail stammte nicht von der Firmenadresse. Es war eine Gmail-Adresse, die seinem Namen ähnelte – jedoch mit einem vertauschten Buchstaben.

Ihr wurde übel. Sie öffnete sofort eine neue Nachricht und schrieb direkt an Davids echte Firmenadresse. Weniger als fünf Minuten später antwortete er: „Ich habe das nicht geschickt. Jemand gibt sich als ich aus. Schick nichts mehr.“

Janets Herz sank. Sie war gerade Opfer eines Betrugs geworden.

Kapitel 4: Ihre Geräte absichern – Smartphones, Computer und Tablets

Die meisten Menschen betrachten Cybersicherheit als etwas Abstraktes – Firewalls, Antivirenprogramme, verschlüsselte Netzwerke –, doch in Wirklichkeit beginnt sie mit den Geräten, die Sie jeden Tag verwenden. Ihr Smartphone, Laptop und Tablet sind Zugänge zu Ihren E-Mails, Bankkonten, Fotos, Geschäftsdaten und Ihrer Identität. Wenn ein Cyberkrimineller Zugriff auf Ihr Gerät erhält, erhält er oft Zugriff auf alles. Deshalb ist Gerätesicherheit das Fundament aller Cybersicherheitsmaßnahmen. Egal, ob Sie von zu Hause arbeiten, reisen oder einfach im Internet surfen – die Sicherung Ihrer persönlichen Geräte ist unverzichtbar. Hacker suchen nicht immer nach Schwachstellen in der Cloud – oft suchen sie einfach nach dem leichtesten Weg in Ihr Smartphone oder Ihren Computer.

Halten Sie Ihre Software und Ihr Betriebssystem aktuell

Einer der am häufigsten übersehenen, aber zugleich wichtigsten Schritte zur Gerätesicherheit ist es, Ihr Betriebssystem und Ihre Apps stets aktuell zu halten. Egal, ob Sie iOS, Android, Windows oder macOS verwenden – Entwickler veröffentlichen regelmäßig Updates, um

Sicherheitslücken zu schließen. Hacker lieben veraltete Software, weil sie ihnen eine offene Tür in Ihr System bietet – oft durch bekannte Schwachstellen, die in neueren Versionen längst behoben wurden. Wenn Sie Update-Benachrichtigungen ignorieren oder ständig auf „Später erinnern" klicken, setzen Sie Ihr Gerät unnötigen Risiken aus.

Machen Sie es sich zur Gewohnheit, alle Ihre Geräte wöchentlich zu aktualisieren. Aktivieren Sie automatische Updates, wann immer es möglich ist – besonders für Ihr Betriebssystem, Ihren Browser und zentrale Apps wie E-Mail- oder Cloud-Dienste. Aktualisierte Software verbessert nicht nur die Leistung, sondern behebt aktiv Sicherheitslücken, nach denen Cyberkriminelle gezielt suchen.

Stärken Sie Ihren Sperrbildschirm und Ihre Login-Einstellungen

Ihre erste Verteidigungslinie ist Ihr Sperrbildschirm. Er ist Ihre digitale Haustür. Schwache Sperrbildschirm-Sicherungen machen es Dieben, Kollegen oder Fremden leicht, innerhalb von Sekunden auf Ihre Daten zuzugreifen. Aktivieren Sie daher auf allen Geräten eine Bildschirmsperre und verwenden Sie die stärkste verfügbare Methode. Vermeiden Sie auf Smartphones und Tablets einfache vierstellige PINs. Nutzen

Sie stattdessen lange Passcodes, Fingerabdruckscanner oder Gesichtserkennung, sofern verfügbar.

Verwenden Sie für Laptops und Desktop-Computer ein starkes Passwort oder eine sichere Passphrase und aktivieren Sie die vollständige Festplattenverschlüsselung – etwa BitLocker unter Windows oder FileVault auf macOS. Diese Funktionen verhindern, dass Unbefugte auf Ihre Dateien zugreifen können, falls das Gerät verloren geht oder gestohlen wird. Stellen Sie außerdem ein, dass sich Ihr Bildschirm nach wenigen Minuten Inaktivität automatisch sperrt. Ein Gerät sollte niemals unbeaufsichtigt und ungesichert bleiben – auch nicht für einen kurzen Moment.

Installieren Sie Sicherheitssoftware und aktivieren Sie Firewalls

Kein Gerät sollte heutzutage ohne angemessenen Virenschutz und Firewall betrieben werden. Obwohl moderne Betriebssysteme bereits integrierte Schutzmechanismen enthalten, reichen diese nicht immer aus. Verwenden Sie ein vertrauenswürdiges Antivirenprogramm, um Malware, Ransomware und Spyware zu erkennen und zu blockieren. Viele seriöse Lösungen bieten außerdem Echtzeitüberwachung, E-Mail-Schutz und Warnungen beim sicheren Surfen.

Ebenso wichtig ist Ihre Firewall – ein digitaler Türsteher, der eingehenden und ausgehenden Datenverkehr überwacht. Stellen Sie sicher, dass Ihre Firewall in den Systemeinstellungen aktiviert ist. Dadurch wird verhindert, dass unautorisierte Daten Ihr Gerät erreichen oder schädliche Programme Kontakt zu den Servern eines Hackers aufnehmen können.

Auch mobile Geräte sollten mit Anti-Malware-Apps ausgestattet sein, insbesondere wenn Sie Apps außerhalb offizieller App-Stores installieren. Wenn Sie Android nutzen, achten Sie besonders auf Berechtigungen und die Herkunft von Apps. Installieren Sie niemals Apps aus unbekannten Quellen, wenn Sie sich nicht absolut sicher sind.

Sichern Sie Ihr WLAN und vermeiden Sie öffentliche Netzwerke

Ihr Gerät ist nur so sicher wie das Netzwerk, mit dem es verbunden ist. Heimnetzwerke sollten mit starken WPA3- oder WPA2-Verschlüsselungen geschützt werden. Ändern Sie das Standardpasswort Ihres Routers – das Passwort, das auf der Verpackung steht – und erstellen Sie ein neues, sicheres Kennwort. Benennen Sie außerdem Ihr Netzwerk (SSID) um und vermeiden Sie Namen, die Ihre Identität oder Ihren Standort verraten.

Unterwegs kann öffentliches WLAN ein großes Risiko darstellen. Cafés, Flughäfen und Hotels bieten häufig ungesicherte Netzwerke an, die leicht von Cyberkriminellen für sogenannte „Man-in-the-Middle"-Angriffe missbraucht werden können. Wenn Sie öffentliches WLAN nutzen müssen, greifen Sie niemals ohne Schutz auf sensible Konten wie Online-Banking oder berufliche Tools zu. Die sicherste Lösung ist die Verwendung eines VPNs (Virtuelles Privates Netzwerk), das Ihren Internetverkehr verschlüsselt und Ihren Standort verschleiert. VPNs sind unverzichtbare Werkzeuge zur Absicherung Ihrer Verbindung – besonders auf mobilen Geräten und Laptops.

Sichern Sie regelmäßig Backups und bereiten Sie sich auf Verlust oder Diebstahl vor

Selbst mit allen Sicherheitsmaßnahmen ist kein System unverwundbar. Geräte können verloren gehen, gestohlen oder kompromittiert werden. Deshalb sollten Sie regelmäßige automatische Backups Ihrer Daten erstellen. Nutzen Sie sowohl lokale Backups – etwa auf einer externen Festplatte – als auch Cloud-Backups, um doppelte Sicherheit zu schaffen. Dienste wie iCloud, Google Drive, OneDrive oder Dropbox bieten verschlüsselten Cloud-Speicher und sichern automatisch wichtige Dateien, Fotos und Dokumente.

Richten Sie zusätzlich Funktionen zur Fernortung und Fernlöschung ein. Sowohl Apple- als auch Android-Geräte ermöglichen es Ihnen, ein verlorenes Smartphone zu orten und dessen Inhalte aus der Ferne zu löschen. Auch Windows und macOS bieten Funktionen zum Sperren oder Löschen verlorener Geräte. Diese Werkzeuge stellen Ihre letzte Verteidigungslinie dar – wenn Ihr Gerät in die falschen Hände gerät, bleiben zumindest Ihre Daten geschützt.

Zusammenfassend lässt sich sagen: Die Sicherung Ihrer Geräte bedeutet nicht, paranoid zu werden – sondern vorbereitet zu sein. Einige intelligente Änderungen an Ihren Einstellungen und Gewohnheiten können Ihr Risiko drastisch reduzieren. Ihr Smartphone und Ihr Computer enthalten die Daten Ihres gesamten Lebens. Schützen Sie sie so, wie Sie Ihre Brieftasche, Ihr Zuhause oder Ihre Identität schützen würden – denn in vielerlei Hinsicht sind sie genau das.

Der vergessene Laptop

Luis hatte gerade einen langen Arbeitstag in einem überfüllten Flughafen-Café beendet. Als freiberuflicher Grafikdesigner arbeitete er oft dort, wo es eine Steckdose und guten Kaffee gab. An diesem Tag hatte er an der Präsentation eines Kunden gearbeitet, während er auf einen verspäteten Flug nach Miami wartete.

In der Eile, rechtzeitig zum Gate zu kommen, packte er seine Kopfhörer ein, zog das Ladekabel seines Smartphones heraus und warf sich seinen Rucksack über die Schulter. Was er erst bemerkte, als er bereits angeschnallt auf Sitz 14A saß: Er hatte seinen Laptop vergessen.

Er sprang erschrocken auf und griff zum Gepäckfach, das Herz raste. Doch es war zu spät. Die Türen waren geschlossen. Das Flugzeug rollte bereits zurück. Sein MacBook – mit drei Kundenprojekten, persönlichen Fotos, gespeicherten Passwörtern und noch geöffneten Login-Sitzungen – lag auf einem Café-Tisch neben einer halb leeren Kaffeetasse.

Kapitel 5: Sicheres Surfen im Internet und Schutz Ihrer Online-Aktivitäten

Im Internet zu surfen ist zur zweiten Natur geworden – wie das Atmen in der digitalen Welt. Doch jedes Mal, wenn Sie online gehen, betreten Sie einen Raum voller unglaublicher Möglichkeiten und versteckter Gefahren. Hacker, Werbetreibende, Betrüger und Datenhändler konkurrieren ständig darum, Ihre Informationen zu sammeln, Ihr Verhalten zu überwachen oder Sie dazu zu bringen, auf etwas Schädliches zu klicken. Die Annahme „Solange ich keine gefährlichen Webseiten besuche, bin ich sicher" ist gefährlich veraltet. Cyberbedrohungen verstecken sich selbst auf scheinbar vertrauenswürdigen Plattformen, in Werbeanzeigen, Downloads und Suchergebnissen. Deshalb ist die Entwicklung sicherer Surfgewohnheiten entscheidend – nicht nur für Technikexperten, sondern für jeden, der das Internet täglich nutzt.

Wählen Sie sichere und datenschutzfreundliche Browser

Ihr Browser ist Ihr wichtigstes Fenster zum Internet, und manche Browser sind sicherer als andere. Obwohl Google Chrome, Safari, Mozilla Firefox und Microsoft Edge weit verbreitet sind, unterscheiden sie sich darin, wie sie

Datenschutz und Sicherheit handhaben. Firefox und Brave bieten beispielsweise integrierten Tracking-Schutz und stärkere Datenschutzfunktionen als Chrome, das eng mit den Datensammelsystemen von Google verbunden ist. Die Wahl eines Browsers, der Sicherheit priorisiert, verschafft Ihnen sofort einen Vorteil.

Unabhängig davon, welchen Browser Sie verwenden, sollten Sie ihn stets aktuell halten. Neue Versionen schließen bekannte Sicherheitslücken, die Cyberkriminelle häufig ausnutzen. Vermeiden Sie veraltete oder nicht mehr unterstützte Browser und deaktivieren oder entfernen Sie unnötige Plugins und Erweiterungen. Manche Erweiterungen – selbst aus offiziellen Stores – enthalten schädlichen Code, der Ihre Aktivitäten überwacht oder gefährliche Skripte in Webseiten einschleust.

Erkennen Sie schädliche Webseiten und gefährliche Links

Eine der effektivsten Methoden von Cyberangriffen besteht darin, Nutzer dazu zu bringen, gefälschte oder gefährliche Webseiten zu besuchen. Diese Seiten können echten Webseiten – Ihrer Bank, Ihrem E-Mail-Anbieter oder einem bekannten Händler – täuschend ähnlich sehen, wurden jedoch entwickelt, um Ihre Zugangsdaten zu stehlen oder Malware zu installieren. Überprüfen Sie immer die Webadresse, bevor Sie sensible Informationen eingeben. Eine sichere Webseite sollte mit „https://" beginnen und ein Schloss-Symbol in der Adressleiste anzeigen. Dennoch sind auch diese Hinweise nicht absolut zuverlässig.

Vermeiden Sie es, auf verdächtige Pop-ups, gefälschte „Download"-Schaltflächen oder Banneranzeigen zu klicken, die kostenlose Gewinne versprechen. Nutzen Sie Browser-Einstellungen oder Erweiterungen, um Pop-ups zu blockieren und Weiterleitungen zu unsicheren Domains zu verhindern. Wenn Sie einen Link per E-Mail oder Nachricht erhalten, klicken Sie nicht blind darauf. Bewegen Sie den Mauszeiger über den Link, um das tatsächliche Ziel anzuzeigen. Im Zweifelsfall geben Sie die Webadresse selbst manuell ein.

Öffentliches WLAN und die Bedeutung von VPNs

Viele Menschen greifen in Cafés, Flughäfen oder Hotels über öffentliche WLAN-Netzwerke auf das Internet zu, ohne zu merken, dass sie damit ihre gesamte Sitzung gefährden. Öffentliche Netzwerke sind für Hacker besonders leicht auszunutzen. Sie können Datenverkehr abfangen, Zugangsdaten stehlen oder Malware über ungesicherte Verbindungen einschleusen.

Der beste Schutz ist die Nutzung eines VPNs (Virtuelles Privates Netzwerk). Ein VPN verschlüsselt Ihren Internetverkehr und leitet ihn über einen sicheren Server weiter, sodass Ihre Daten für andere Nutzer desselben Netzwerks – einschließlich potenzieller Angreifer – unlesbar werden. Egal, ob Sie online einkaufen, Ihr Bankkonto prüfen oder Nachrichten lesen: Ein VPN ist ein unverzichtbares Werkzeug außerhalb Ihres Heimnetzwerks. Wählen Sie einen seriösen kostenpflichtigen VPN-Anbieter, da viele kostenlose Dienste Ihre Privatsphäre gefährden, indem sie Aktivitäten protokollieren oder aggressive Werbung anzeigen.

Schützen Sie Ihre Online-Konten mit guter Browser-Hygiene

Neben dem Vermeiden schädlicher Webseiten spielen Ihre Browser-Gewohnheiten eine enorme Rolle für Ihre Sicherheit. Lassen Sie Ihren Browser Passwörter möglichst nicht speichern – insbesondere auf gemeinsam genutzten oder öffentlichen Geräten. Verwenden Sie stattdessen einen Passwort-Manager. Löschen Sie regelmäßig Cookies und Cache-Dateien, um gespeicherte Sitzungsdaten zu entfernen, die von Angreifern oder Trackern missbraucht werden könnten. Melden Sie sich nach der Nutzung von sensiblen Konten ab und schließen Sie Browser-Tabs, die Sie nicht mehr benötigen.

Achten Sie außerdem auf Browser-Berechtigungen. Manche Webseiten verlangen unnötig Zugriff auf Ihren Standort, Ihre Kamera oder Ihr Mikrofon. Verweigern Sie solche Berechtigungen, sofern sie nicht absolut notwendig sind, und überprüfen Sie regelmäßig die Berechtigungseinstellungen Ihres Browsers. Begrenzen Sie, was Ihr Browser speichern darf, und vermeiden Sie das Synchronisieren von Passwörtern über mehrere Geräte ohne Verschlüsselung.

Entwickeln Sie sichere Surfgewohnheiten

Sicheres Surfen bedeutet nicht, Angst zu haben – sondern klug zu handeln. Stellen Sie Ihre Standardsuchmaschine auf eine datenschutzfreundliche Alternative wie DuckDuckGo um. Deaktivieren Sie Autofill-Funktionen, die Kreditkartendaten und persönliche Informationen speichern. Verwenden Sie Browser-Erweiterungen, die Werbung, Tracker und schädliche Skripte blockieren, wie uBlock Origin oder Privacy Badger.

Jede Online-Interaktion bietet Angreifern die Möglichkeit, Ihr Vertrauen oder Ihre Aufmerksamkeit auszunutzen. Wenn Sie langsamer werden und genau darauf achten, wohin Sie gehen und worauf Sie klicken, können Sie Ihr Risiko drastisch reduzieren. Machen Sie Sicherheit zu einem festen Bestandteil Ihrer Surfgewohnheiten: Halten Sie Ihre Software aktuell, verwenden Sie in öffentlichen Netzwerken ein VPN, überprüfen Sie URLs sorgfältig und behandeln Sie Ihren Browser wie einen digitalen Reisepass – wertvoll, privat und schützenswert.

Das Internet wird nicht verschwinden – und die Risiken ebenfalls nicht. Doch mit sicheren Gewohnheiten, intelligenteren Werkzeugen und einer proaktiven Denkweise können Sie mit Vertrauen, Privatsphäre und innerer Ruhe surfen.

Die Werbung, die keine war

Naomi machte gerade Mittagspause bei der Arbeit und scrollte durch ihren Lieblings-Modeblog, als sie ein Banner bemerkte: „NUR FÜR KURZE ZEIT – Designer-Handtaschen für 49 Dollar!" Die Anzeige wirkte professionell, enthielt das Logo einer bekannten Marke und zeigte einen Countdown-Timer, der Dringlichkeit erzeugte.

Neugierig und begeistert klickte sie auf den Link.

Die Webseite sah fast identisch mit der offiziellen Designer-Seite aus – dieselben Schriftarten, dieselben Farben und sogar Kundenbewertungen. Naomi stöberte einige Minuten und fand schließlich eine Tasche, die ihr gefiel. Begeistert gab sie ihre Kreditkartendaten ein, bevor das Angebot angeblich ablief.

Später am Abend kam ihr etwas merkwürdig vor. Sie hatte keine Bestätigungs-E-Mail erhalten. Als sie die Webseite erneut aufrufen wollte, war sie verschwunden. Ihr Herz rutschte in die Hose.

Am nächsten Morgen rief ihre Bank an und meldete ungewöhnliche Aktivitäten auf ihrer Karte – jemand hatte versucht, mehrere Einkäufe im Ausland zu tätigen. Naomi ließ die Karte sofort sperren, doch der Schaden war bereits entstanden. Die betrügerische Webseite war nicht nur ein Scam gewesen – sie war eine Phishing-Seite, die darauf ausgelegt war, Zahlungsdaten zu sammeln und spurlos zu verschwinden.

Kapitel 6: Schutz Ihrer persönlichen Daten und Ihrer Privatsphäre im Internet

Jedes Mal, wenn Sie im Internet surfen, etwas in sozialen Medien posten, online einkaufen oder eine App verwenden, teilen Sie Daten – manchmal freiwillig und oft, ohne es überhaupt zu bemerken. Ihr Name, Ihre E-Mail-Adresse, Telefonnummer, Ihr Standort, Gerätetyp und Surfverhalten werden ständig von Webseiten, Plattformen, Werbetreibenden und manchmal sogar von böswilligen Akteuren verfolgt und gespeichert. Diese Sammlung von Informationen wird als Ihr digitaler Fußabdruck bezeichnet, und sie begleitet Sie durch das gesamte Internet. Was wie harmloses Verhalten erscheint – ein Beitrag, der Ihnen gefällt, die Nutzung einer Store-App oder die Anmeldung zu einer kostenlosen Testversion – erstellt nach und nach ein äußerst detailliertes Profil über Sie. Dies zu verstehen, ist der erste Schritt, um die Kontrolle über Ihre Online-Privatsphäre zurückzugewinnen.

Begrenzen Sie die Daten, die Sie preisgeben

Eine der einfachsten Möglichkeiten, Ihre Daten zu schützen, besteht darin, weniger davon preiszugeben. Das bedeutet, zweimal nachzudenken, bevor Sie Online-Formulare ausfüllen,

Newsletter abonnieren oder Apps Zugriff auf Ihre Kontakte, Kamera oder Ihren Standort gewähren. Fragen Sie sich immer: „Brauchen sie diese Informationen wirklich?“ Viele Webseiten und Dienste verlangen weit mehr Daten, als tatsächlich notwendig sind.

Beginnen Sie damit, die persönlichen Informationen zu minimieren, die Sie in sozialen Medien veröffentlichen. Vermeiden Sie es, Ihren Geburtstag, Ihre vollständige Wohnadresse oder Reisepläne in Echtzeit zu teilen. Geben Sie nicht zu viele Informationen in „lustigen“ Quizzen oder viralen Umfragen preis – viele davon sind getarnte Phishing-Werkzeuge, die Sicherheitsfragen oder Daten für Betrugsversuche sammeln. Verwenden Sie bei der Erstellung von Konten Pseudonyme oder Initialen, wenn möglich, und nutzen Sie E-Mail-Aliasse oder Wegwerf-E-Mail-Adressen für nicht wichtige Registrierungen.

Verwalten Sie App-Berechtigungen und Datenschutzeinstellungen

Ihre Geräte sind voller Apps, die ständig Zugriff auf persönliche Informationen verlangen. Öffnen Sie auf Ihrem Smartphone die Einstellungen und prüfen Sie, welche Apps Zugriff auf Mikrofon, Kamera, GPS, Kontakte und Speicher haben. Deaktivieren Sie Berechtigungen, die für die Funktion der App nicht unbedingt notwendig sind. Eine Taschenlampen-App braucht kein GPS. Ein Taschenrechner benötigt keinen Zugriff auf Ihre Kontaktliste.

Sowohl auf Android als auch auf iOS können Sie inzwischen festlegen, dass Apps nur während der Nutzung oder niemals auf Ihren Standort zugreifen dürfen. Nutzen Sie diese Möglichkeit. Deaktivieren Sie außerdem möglichst das Werbetracking in Ihren Geräteeinstellungen. Dadurch wird reduziert, wie stark Werbetreibende Sie über Apps und Webseiten hinweg verfolgen können. Sie werden dadurch nicht unsichtbar, aber die Menge an gesammelten Hintergrunddaten wird erheblich verringert.

Nutzen Sie datenschutzfreundliche Tools und Browser

Die Werkzeuge, die Sie verwenden, sind wichtig. Der Wechsel zu datenschutzorientierten Browsern wie Brave, Mozilla Firefox oder Tor Browser hilft dabei, Tracking während des Surfens zu minimieren. Diese Browser blockieren automatisch Cookies, Skripte und Werbung, die Ihre Aktivitäten verfolgen. Stellen Sie Ihre Suchmaschine auf DuckDuckGo oder Startpage um, die Ihre Suchanfragen oder Ihr Verhalten nicht protokollieren.

Installieren Sie Datenschutz-Tools wie uBlock Origin zum Blockieren von Werbung, Privacy Badger zur Erkennung unsichtbarer Tracker und HTTPS Everywhere zum Erzwingen sicherer Verbindungen. Diese Browser-Erweiterungen arbeiten im Hintergrund, um Tracking zu reduzieren und unsichere Inhalte zu blockieren.

Erwägen Sie außerdem die Nutzung von E-Mail-Masking-Tools wie Firefox Relay, Hide My Email oder Diensten wie SimpleLogin. Diese Tools erstellen Alias-E-Mail-Adressen, die an Ihren echten Posteingang weitergeleitet werden, sodass Sie sich bei Diensten anmelden können, ohne Ihre echte Adresse preiszugeben.

Verstehen Sie, was Datenbroker über Sie wissen

Datenbroker sind Unternehmen, die persönliche Informationen kaufen, sammeln und weiterverkaufen – darunter Alter, Adresse, Einkommensniveau, Kaufverhalten und sogar politische Ansichten. Sie sammeln diese Daten aus öffentlichen Registern, Umfragen, Online-Käufen, sozialen Medien und App-Nutzung. Diese Informationen werden anschließend an Werbetreibende, Versicherungen, Arbeitgeber und manchmal sogar an Betrüger verkauft.

Sie können sich bei vielen dieser Datenbroker austragen lassen, auch wenn der Prozess mühsam sein kann. Dienste wie DeleteMe, Incogni oder Privacy Bee helfen dabei, die Entfernung Ihrer Daten von Hunderten Broker-Seiten zu automatisieren. Dies lohnt sich besonders, wenn Sie Spam-Anrufe, gezielte Betrugsversuche oder unerwünschtes Tracking erlebt haben.

Denken Sie daran: Je mehr Daten an einem Ort gespeichert werden, desto attraktiver werden sie für Hacker. Datenschutzverletzungen passieren regelmäßig, und wenn Ihre Informationen überall im Umlauf sind, steigt Ihr Risiko. Weniger Sichtbarkeit bedeutet weniger Angriffsfläche.

Entwickeln Sie langfristige Datenschutzgewohnheiten

Datenschutz ist keine einmalige Lösung – sondern eine dauerhafte Denkweise. Machen Sie es sich zur Gewohnheit, alle paar Monate Ihre Datenschutzeinstellungen in sozialen Medien zu überprüfen. Kontrollieren Sie Ihre App-Berechtigungen. Löschen Sie alte Konten, die Sie nicht mehr nutzen, indem Sie in Ihrem Posteingang nach Begriffen wie „Willkommen bei“ oder „Konto erstellt“ suchen. Nutzen Sie einen Passwort-Manager, um starke und einzigartige Passwörter für jedes Konto zu generieren. Aktivieren Sie außerdem die Zwei-Faktor-Authentifizierung für alle wichtigen Dienste.

Privatsphäre ist eine Form digitaler Selbstverteidigung. Sie gibt Ihnen Kontrolle darüber, was andere über Sie wissen, sehen und mit Ihren Informationen tun können. Es ist zwar nahezu unmöglich, Ihren gesamten digitalen Fußabdruck zu löschen, doch Sie können seine Größe, Sichtbarkeit und seinen Wert für Cyberkriminelle erheblich reduzieren.

In einer Zeit, in der Unternehmen mit Ihren persönlichen Daten Geld verdienen, ist die Entscheidung für Datenschutz ein Akt der Selbstbestimmung. Sie müssen nicht komplett offline gehen – Sie müssen nur lernen, sich mit offenen Augen, gesicherten Einstellungen und geschütztem Privatleben durch die digitale Welt zu bewegen.

Verfolgt, markiert und zu sichtbar

Lena war Lehrerin, Künstlerin und Wochenendreisende. Sie liebte es, ihr Leben in sozialen Medien zu teilen – besonders spontane Kurztrips. Ihr Instagram-Profil war ein visuelles Tagebuch voller Sonnenuntergänge, Eiskaffee-Fotos, Museums-Selfies und handgeschriebener Gedichte. Sie hatte etwas mehr als 8.000 Follower, die meisten davon Fremde, aber sie machte sich nicht viele Gedanken darüber. „Ich bin nicht berühmt", sagte sie oft lachend. „Wer würde meine Daten wollen?"

An einem Samstag postete sie eine Story aus einem Boutique-Hotel zwei Stunden außerhalb der Stadt. Sie markierte den Standort, zeigte versehentlich ihre Zimmernummer in einem Spiegel-Selfie und veröffentlichte in ihrer Bio sogar ihren „Abwesend"-Autoresponder-Link.

Als sie am Sonntagabend nach Hause kam, stand ihre Wohnungstür leicht offen. Sie erstarrte. Im Inneren waren Schubladen herausgezogen. Ihr Laptop war verschwunden. Schmuck ebenfalls. Die Polizei bestätigte: Es handelte sich um einen gezielten Einbruch.

Das Erschreckendste daran? Es gab keine Einbruchsspuren. Wer auch immer es getan hatte, wusste, dass sie nicht zu Hause war. Und sie wussten, wie sie sie finden konnten.

Kapitel 7: Schutz Ihrer E-Mail-, Messaging- und Social-Media-Konten

Ihre E-Mail-, Messaging- und Social-Media-Konten sind weit mehr als nur Werkzeuge zur Kommunikation – sie sind wertvolle digitale Vermögenswerte. Diese Plattformen enthalten Ihre Gespräche, privaten Dateien, Kontakte, Ihren Verlauf und persönliche Daten. Noch wichtiger: Sie dienen als Zugangstor zu anderen Diensten. Wenn jemand Zugriff auf Ihre E-Mail erhält, kann diese Person häufig Passwörter zurücksetzen, Sicherheitsfragen umgehen und Ihre Identität auf mehreren Plattformen übernehmen. Deshalb stehen diese Konten besonders häufig im Visier von Hackern. Sie zu schützen bedeutet nicht nur, Nachrichten zu sichern – sondern Ihr gesamtes digitales Leben zu schützen.

E-Mail: Der digitale Generalschlüssel

Beginnen Sie mit Ihrem E-Mail-Konto, insbesondere wenn Sie es für Banking-, Shopping- oder Cloud-Dienste verwenden. Nutzen Sie eine starke, einzigartige Passphrase für Ihre E-Mail-Anmeldung und verwenden Sie dieses Passwort niemals erneut auf anderen Plattformen. Aktivieren Sie sofort die Zwei-Faktor-Authentifizierung (2FA) – vorzugsweise mit einer Authenticator-App wie Google Authenticator oder Authy anstelle von SMS, die durch SIM-Swapping-Angriffe kompromittiert werden können.

Überprüfen Sie regelmäßig die Sicherheitseinstellungen und die Login-Historie Ihres E-Mail-Kontos, um unbefugte Zugriffe zu erkennen. Aktivieren Sie Warnungen für E-Mail-Weiterleitungen – Angreifer richten manchmal heimlich Weiterleitungen ein, um Kopien Ihrer eingehenden Nachrichten zu erhalten. Vermeiden Sie außerdem, Ihre Wiederherstellungsoptionen (Telefonnummer oder Backup-E-Mail) mit unsicheren oder veralteten Diensten zu verknüpfen. Ihre Wiederherstellungsmethode sollte genauso sicher sein wie Ihr primäres E-Mail-Konto.

Sichern Sie Ihre Messaging-Apps: WhatsApp, Signal, iMessage und Telegram

Moderne Messaging-Apps bieten Ende-zu-Ende-Verschlüsselung, doch viele Nutzer vergessen, dass der Kontozugriff weiterhin verwundbar bleibt. WhatsApp und Signal sind beispielsweise an Ihre Telefonnummer gebunden. Wenn jemand Ihre SIM-Karte kopiert oder Zugriff auf Ihr Backup erhält, kann diese Person Ihre Nachrichten lesen oder sich als Sie ausgeben.

Aktivieren Sie alle verfügbaren Sicherheitsfunktionen innerhalb Ihrer Messaging-Apps. Aktivieren Sie bei WhatsApp die Zwei-Schritt-Verifizierung, die eine zusätzliche PIN verlangt, wenn Ihre Nummer auf einem neuen Gerät registriert wird. Richten Sie bei Signal und Telegram Registrierungssperren und Bildschirmsperren ein. Bei iMessage sollten Sie sicherstellen, dass iCloud mit Zwei-Faktor-Authentifizierung geschützt ist und automatische Anmeldungen auf Apple-Geräten deaktiviert werden, die Sie nicht mehr verwenden.

Für besonders sensible Gespräche sollten Sie Apps wie Signal oder Session in Betracht ziehen, die keine Metadaten speichern und keine Telefonnummer benötigen.

Social-Media-Konten: Begrenzen, sperren und überwachen

Social-Media-Konten sind bevorzugte Ziele für Identitätsdiebstahl, Belästigung, Datensammlung und Markenmissbrauch. Überprüfen Sie zunächst alle Datenschutzeinstellungen. Machen Sie Ihr Konto privat oder beschränken Sie, wer Ihre Beiträge sehen, Ihnen Nachrichten senden, Sie markieren oder Ihre Freundesliste anzeigen darf. Vermeiden Sie es, Ihr vollständiges Geburtsdatum, Ihren Heimatort oder andere persönliche Informationen in Ihrer Profilbeschreibung anzugeben.

Aktivieren Sie überall, wo möglich, 2FA und stellen Sie Benachrichtigungen für verdächtige Login-Aktivitäten ein. Facebook, Instagram, X, LinkedIn und TikTok verfügen alle über Sicherheits-Dashboards, die anzeigen, wo Ihr Konto angemeldet ist und Ihnen ermöglichen, sich aus der Ferne abzumelden.

Seien Sie vorsichtig mit Drittanbieter-Apps, die mit Ihren Social-Media-Konten verbunden sind – sie verlangen oft übermäßige Berechtigungen und können Sicherheitsrisiken darstellen. Entziehen Sie Apps den Zugriff, die Sie nicht mehr verwenden. Klicken Sie niemals auf seltsame Links in Direktnachrichten oder Kommentar-Spam, besonders wenn Freispiele, kostenlose Produkte oder Profil-„Verifizierungen“ versprochen werden.

Backup- und Wiederherstellungsstrategien

Selbst mit starken Sicherheitsmaßnahmen ist kein Konto unverwundbar. Deshalb sind Wiederherstellungsstrategien entscheidend. Aktualisieren Sie regelmäßig Ihre Wiederherstellungs-E-Mail und Telefonnummern. Speichern Sie Backup-Codes – die bei der Einrichtung von 2FA ausgegeben werden – in einem sicheren Passwort-Manager oder an einem sicheren Offline-Ort.

Exportieren Sie bei Messaging-Apps regelmäßig wichtige Chat-Backups und verschlüsseln Sie diese, wenn sie in der Cloud gespeichert werden. Stellen Sie sicher, dass Cloud-Backups nicht automatisch auf neue Geräte übertragen werden können, ohne einen zusätzlichen Authentifizierungsschritt.

Auf Social-Media-Plattformen sollten Sie in Betracht ziehen, regelmäßig eine Kopie Ihrer Kontodaten herunterzuladen. Wenn Sie jemals den Zugriff verlieren oder ausgesperrt werden, haben Sie damit einen Verlauf, der Ihnen bei der Wiederherstellung helfen kann. Einige Plattformen – wie Facebook und Instagram – erlauben inzwischen auch die Benennung vertrauenswürdiger Kontakte, die bei der Kontowiederherstellung unterstützen können.

Entwickeln Sie sichere Kommunikationsgewohnheiten

Sicherheitswerkzeuge sind wichtig, aber Gewohnheiten genauso. Öffnen Sie keine Links oder Anhänge in unerwarteten Nachrichten – selbst wenn sie von bekannten Kontakten stammen, denn deren Konten könnten kompromittiert worden sein. Verwenden Sie Messaging-Apps nicht als Dateispeicher. Senden Sie keine sensiblen Dokumente oder Passwörter über unsichere Plattformen. Veröffentlichen Sie niemals persönliche Informationen wie

Urlaubspläne, vollständige Namen von Familienmitgliedern oder interne Arbeitsabläufe Ihres Unternehmens öffentlich in sozialen Medien.

Halten Sie Ihre Apps aktuell. Die meisten Sicherheitsupdates werden über App-Updates bereitgestellt, und veraltete Versionen können ungepatchte Schwachstellen enthalten. Verwenden Sie Passwort-Manager, um starke und einzigartige Passwörter für jede Plattform zu erstellen – und teilen Sie diese niemals per Chat.

Letztlich repräsentieren Ihre Kommunikationsplattformen Ihre digitale Stimme und Identität. Wenn jemand anderes Zugriff darauf erhält, kann diese Person manipulieren, wie Sie erscheinen, was Sie sagen und mit wem Sie kommunizieren. Diese Plattformen zu sichern bedeutet nicht nur Privatsphäre – sondern Vertrauen in jede Nachricht, jeden Beitrag und jedes Gespräch zu bewahren.

Die Nachricht, die nicht von mir war

Travis war Highschool-Coach, nebenbei Podcaster und der inoffizielle Social-Media-Manager der Sportabteilung seiner Schule. Er war ständig online – beantwortete E-Mails, schrieb mit Eltern von Athleten und veröffentlichte Spielhighlights auf Instagram.

An einem Samstagmorgen bemerkte er beim Überprüfen seines Posteingangs etwas Seltsames: Dutzende Fehlermeldungen von unbekannten E-Mail-Adressen. Einige kamen aus dem Ausland, andere schienen von Spamfiltern blockiert worden zu sein. Verwirrt aktualisierte er erneut seinen Posteingang. Genau in diesem Moment vibrierte sein Smartphone. Ein Kollege schrieb: „Hey, hast du mir absichtlich diesen komischen Link über Facebook Messenger geschickt?"

Er hatte es nicht getan.

Er öffnete den Messenger und sah Nachrichten, die er nie geschrieben hatte – nicht nur an enge Kontakte, sondern auch an Menschen, die er kaum kannte. Die Nachrichten waren kurz und verdächtig: „Schau dir dieses Video von dir an", gefolgt von einem dubios wirkenden Link.

Ihm wurde übel. Seine Konten waren kompromittiert worden – und er hatte keine Ahnung, wie weit der Schaden bereits ging.

Kapitel 8: Ihre Kinder und Familie online schützen

Digitale Bedrohungen betreffen nicht nur Erwachsene – sie betreffen den gesamten Haushalt. Kinder werden heute in eine vernetzte Welt hineingeboren, in der Bildschirme, Apps und Spiele so selbstverständlich sind wie Buntstifte und Fahrräder. Doch mit dieser Vernetzung kommt auch eine erhöhte Gefahr: durch Täter im Internet, Betrüger, ungeeignete Inhalte, süchtig machende Algorithmen und Apps, die die Privatsphäre verletzen. Als Elternteil oder Erziehungsberechtigter tragen Sie die Verantwortung, eine sichere digitale Umgebung zu schaffen – eine Umgebung, die Ihrer Familie ermöglicht, Technologie selbstbewusst und gleichzeitig vorsichtig zu nutzen. Cybersicherheit ist in der Erziehung nicht länger optional. Sie ist eine entscheidende Fähigkeit, um Kinder sicher und verantwortungsvoll in der digitalen Welt großzuziehen.

Sichern Sie Ihr Heimnetzwerk und Ihre Geräte

Beginnen Sie mit den Grundlagen: Schützen Sie Ihr heimisches WLAN-Netzwerk. Ändern Sie das Standardpasswort Ihres Routers und erstellen Sie eine starke, individuelle Passphrase. Verwenden Sie WPA3- oder

WPA2-Verschlüsselung und ziehen Sie in Betracht, die Netzwerk-SSID zu verbergen, wenn Sie in einer dicht besiedelten Gegend wohnen. Sie können außerdem ein separates Gastnetzwerk für Besucher einrichten, damit diese keinen Zugriff auf die Hauptgeräte oder gemeinsamen Dateien Ihrer Familie erhalten.

Aktivieren Sie Kindersicherungen auf allen Familiengeräten. Die meisten Smartphones, Tablets und Computer verfügen über integrierte Werkzeuge, mit denen Sie Inhalte einschränken, Bildschirmzeit begrenzen, Downloads blockieren und die App-Nutzung überwachen können. Aktivieren Sie sichere Suchfunktionen in Browsern und auf YouTube. Installieren Sie Sicherheitssoftware auf jedem Familiengerät – einschließlich Tablets und Smartphones –, um vor Phishing, Malware und unangemessenen Inhalten zu schützen.

Bringen Sie Kindern die Grundlagen der Online-Sicherheit bei

Selbst mit allen Filtern und Kontrollen bleibt Bildung die stärkste Verteidigung. Sprechen Sie mit Ihren Kindern darüber, wie wichtig es ist, keine persönlichen Informationen online zu teilen – keine vollständigen Namen, Adressen, Geburtstage oder Schulnamen. Erklären Sie den Unterschied zwischen öffentlichem und privatem Teilen und bringen Sie ihnen bei, vor dem Posten von Fotos oder Videos anderer Personen um Erlaubnis zu fragen.

Stellen Sie sicher, dass Ihre Kinder verstehen, dass Fremde im Internet weiterhin Fremde sind – selbst wenn sie freundlich wirken. Spielen Sie Szenarien durch, um ihnen zu helfen, Manipulationen oder unangemessene Fragen zu erkennen. Bringen Sie ihnen bei, Betrugsversuche zu identifizieren und niemals auf verdächtige Links zu klicken – selbst wenn diese von jemandem stammen, den sie kennen. Erstellen Sie eine Familienregel: Wenn etwas online ihnen unangenehm oder unsicher erscheint, sollen sie sofort einem vertrauenswürdigen Erwachsenen Bescheid geben.

Verwalten Sie Apps, Spiele und den Zugang zu sozialen Medien

Apps und Spiele wirken oft harmlos, doch viele enthalten In-App-Käufe, Standortverfolgung und umfangreiche Datensammlungen. Überprüfen Sie immer die Berechtigungen einer App, bevor Ihr Kind sie installieren darf. Deaktivieren Sie den Zugriff auf Mikrofon, Kamera und Standort, sofern dies nicht unbedingt notwendig ist. Verwenden Sie die Altersfreigabe-Filter des Geräts, um sicherzustellen, dass Ihr Kind nur altersgerechte Inhalte sieht.

Verzögern Sie den Zugang zu sozialen Medien so lange wie möglich. Die meisten Plattformen verlangen ein Mindestalter von 13 Jahren, doch selbst dann liegt es an den Eltern zu entscheiden, wann ein Kind bereit dafür ist. Wenn Sie den Zugang erlauben, helfen Sie Ihrem Kind bei der Einrichtung des Kontos. Stellen Sie Profile auf privat, deaktivieren Sie Standortmarkierungen und überprüfen Sie Freundschaftsanfragen gemeinsam. Ermutigen Sie Kinder außerdem, regelmäßig Pausen von sozialen Medien einzulegen, um mentale Erschöpfung, Mobbing oder süchtig machende Verhaltensmuster zu vermeiden.

Überwachen, begleiten und Grenzen setzen

Die Online-Aktivitäten Ihres Kindes zu überwachen bedeutet nicht, seine Privatsphäre zu verletzen – es geht darum, seine Sicherheit zu schützen. Verwenden Sie Dashboards für Kindersicherung, um Grenzen festzulegen und Online-Aktivitäten zu verfolgen, kombinieren Sie dies jedoch mit regelmäßigen Gesprächen. Schaffen Sie bildschirmfreie Zonen – etwa Schlafzimmer oder den Esstisch – und setzen Sie tägliche Bildschirmzeitlimits. Fördern Sie andere Aktivitäten wie Lesen, Spielen im Freien und persönliche soziale Kontakte.

Seien Sie ein Vorbild für das Verhalten, das Sie sehen möchten. Wenn Sie ständig am Smartphone hängen oder zu viel in sozialen Medien teilen, werden Kinder dieses Verhalten nachahmen. Zeigen Sie ihnen, wie gesunde digitale Gewohnheiten aussehen. Nutzen Sie digitale Familienvereinbarungen oder Technik-Regeln mit klaren Erwartungen – etwa keine Geräte nach 21 Uhr, wöchentliche Passwortüberprüfungen und keine neuen Apps ohne Erlaubnis.

Eine Kultur des digitalen Vertrauens und der Verantwortung aufbauen

Das Ziel ist nicht, Kinder vom Internet fernzuhalten – sondern ihnen beizubringen, wie sie sich darin klug bewegen. Schaffen Sie zu Hause eine offene Kultur im Umgang mit Technologie, keine geheimnisvolle. Lassen Sie Ihre Kinder wissen, dass sie mit Ihnen über alles sprechen können, was sie online erleben – ohne Angst vor Bestrafung oder Scham. Loben Sie verantwortungsvolles Verhalten. Feiern Sie kluge Entscheidungen.

Erweitern Sie diese Cybersicherheits-Gewohnheiten auch auf die erweiterte Familie. Erklären Sie Großeltern und Verwandten, dass sie keine Fotos Ihrer Kinder öffentlich ohne Zustimmung teilen sollen. Begrenzen Sie, wie viele persönliche

Daten der gesamte Haushalt über Smart Speaker, Online-Spiele oder soziale Plattformen preisgibt.

Cybersicherheit ist ein Familienwert – etwas, das genauso weitergegeben werden sollte wie Höflichkeit, Grenzen und Selbstrespekt. Wenn Kinder damit aufwachsen zu wissen, wie sie ihre Identität schützen, klug kommunizieren und digitale Gefahren erkennen, sind sie nicht nur online sicherer – sie sind besser auf das Leben vorbereitet.

Die geheime App

Als Karen auf dem Tablet ihrer elfjährigen Tochter Mia eine neue App namens „VaultPic" entdeckte, dachte sie zunächst, es sei nur ein weiterer Fotoeditor. Doch irgendetwas fühlte sich merkwürdig an. Das Symbol war als Taschenrechner getarnt. Neugierig tippte sie darauf und wurde mit einem numerischen Login-Bildschirm begrüßt.

Nach einigen Recherchen stellte Karen fest, dass es gar keine Foto-App war – sondern eine versteckte Speicher-App, die dafür entwickelt wurde, Videos, Fotos und sogar den Browserverlauf vor Eltern zu verbergen.

Ihr Herz sank.

Karen und Mia hatten immer eine vertrauensvolle Beziehung gehabt. Zumindest dachte Karen das. Doch diese App – und das, was sie symbolisierte – zeigte, dass ihre Tochter etwas erlebt hatte, worüber sie noch nicht sprechen wollte oder sich nicht sicher fühlte, darüber zu reden.

Karen wusste, dass sie das Thema ansprechen musste. Nicht mit Wut – sondern mit Ruhe, Fürsorge und Klarheit.

An diesem Abend setzte sich Karen mit Mia ins Wohnzimmer.

„Mir ist eine neue App auf deinem Tablet aufgefallen“, sagte sie vorsichtig. „Ich habe sie nachgeschlagen. Können wir darüber sprechen?“

Mias Gesicht wurde rot. Sie vermied Blickkontakt. „Das ist nur für Bilder“, murmelte sie.

Karen holte tief Luft. „Ich bin nicht böse. Ich möchte nur verstehen. Warum wolltest du deine Bilder verstecken?“

Kapitel 9: Identitätsdiebstahl erkennen und darauf reagieren

Identitätsdiebstahl liegt vor, wenn jemand Ihre persönlichen Informationen – wie Ihre Sozialversicherungsnummer, Kreditkartennummer, Führerscheindaten oder Zugangsdaten – stiehlt und ohne Ihre Zustimmung verwendet, oft um Betrug zu begehen. Dazu kann gehören, Bankkonten in Ihrem Namen zu eröffnen, Kredite zu beantragen, falsche Steuererklärungen einzureichen, Versicherungsleistungen zu nutzen oder sich online als Sie auszugeben. Die Folgen reichen von finanziellen Verlusten und beschädigter Kreditwürdigkeit bis hin zu rechtlichen Problemen und emotionalem Stress. In einer Welt, in der Datenschutzverletzungen immer häufiger werden, ist es entscheidend, zu lernen, wie man Identitätsdiebstahl erkennt und darauf reagiert, um langfristige Sicherheit und innere Ruhe zu bewahren.

Frühe Warnzeichen für Identitätsdiebstahl

Identitätsdiebstahl kündigt sich nicht immer durch spektakulären Betrug an. Oft sind die Hinweise subtil. Sie könnten unautorisierte Transaktionen auf Ihrer Kreditkarte bemerken, seltsame Post über unbekannte Konten erhalten oder neue Anfragen in Ihrer Kreditauskunft entdecken.

Weitere Warnsignale sind abgelehnte Kreditanträge trotz guter Bonität, Anrufe von Inkassobüros wegen unbekannter Rechnungen oder die Mitteilung, dass bereits jemand anderes Ihre Steuererklärung eingereicht hat.

Selbst kleine Veränderungen – wie das Ausbleiben erwarteter Rechnungen oder plötzlich nicht mehr ankommende Bestätigungscodes – können darauf hinweisen, dass Ihre Adresse oder E-Mail ohne Ihre Zustimmung geändert wurde. Achten Sie genau auf alle Kontoaktivitäten. Identitätsdiebstahl wird häufig von Menschen entdeckt, die aufmerksam bleiben, nicht von denen, die erst auf eine Katastrophe warten.

Sofortmaßnahmen bei Verdacht auf Identitätsdiebstahl

Wenn Sie vermuten, Opfer geworden zu sein, handeln Sie schnell. Platzieren Sie zunächst einen Betrugsalarm bei einer der drei großen Kreditauskunfteien – Equifax, Experian oder TransUnion. Diese sind verpflichtet, die anderen zu benachrichtigen. Ein Betrugsalarm erschwert es, neue Konten in Ihrem Namen ohne zusätzliche Verifizierung zu eröffnen. Überprüfen Sie anschließend Ihre Kreditauskünfte auf unbekannte Konten oder verdächtige Aktivitäten.

Melden Sie den Identitätsdiebstahl der Federal Trade Commission auf IdentityTheft.gov. Die FTC erstellt einen individuellen Wiederherstellungsplan und einen Bericht, den Sie für Polizeianzeigen oder zur Anfechtung betrügerischer Konten verwenden können. Kontaktieren Sie außerdem alle betroffenen Unternehmen – etwa Ihre Bank, Kreditgeber oder Versorgungsanbieter – und lassen Sie kompromittierte Konten sperren oder schließen. Dokumentieren Sie jeden Anruf, jede Meldung und jede Fallnummer sorgfältig.

Ihre Informationen absichern

Sobald die unmittelbare Gefahr eingedämmt ist, sollten Sie weiteren Schaden verhindern. Ändern Sie die Passwörter aller betroffenen Konten sowie aller anderen Konten mit denselben oder ähnlichen Zugangsdaten. Nutzen Sie einen Passwort-Manager, um starke und einzigartige Passwörter zu generieren. Aktivieren Sie die Zwei-Faktor-Authentifizierung (2FA) auf allen Finanz-, E-Mail- und Social-Media-Plattformen.

Erwägen Sie außerdem, eine Kreditsperre einzurichten. Im Gegensatz zu einem Betrugsalarm verhindert eine Kreditsperre, dass neue Gläubiger auf Ihre Kreditauskunft zugreifen können, bis Sie die Sperre selbst aufheben. Dies ist eine stärkere Schutzmaßnahme, wenn Sie in naher Zukunft keine neuen Konten eröffnen möchten. Ihre bestehenden Kreditkarten und Konten funktionieren weiterhin normal, aber neue Anträge können ohne Ihre Zustimmung nicht genehmigt werden.

Überwachen Sie Ihre Identität dauerhaft

Die Wiederherstellung ist nur die halbe Miete. Die eigentliche Stärke liegt in der Überwachung und frühzeitigen Erkennung. Melden Sie sich für Kreditüberwachungsdienste an – einige Banken und Kreditkartenunternehmen bieten diese kostenlos an. Diese Dienste benachrichtigen Sie über Veränderungen in Ihrem Kreditprofil, darunter neue Konten, versäumte Zahlungen oder verdächtige Anfragen.

Erwägen Sie die Nutzung von Identitätsschutzdiensten wie LifeLock, Aura oder IdentityForce. Diese Dienste bieten Dark-Web-Scans, Warnungen bei Datenlecks und sogar Versicherungen für gestohlene Gelder oder Rechtskosten.

Überprüfen Sie Ihre Kontoauszüge wöchentlich. Kontrollieren Sie Ihre Kreditauskünfte mindestens einmal im Jahr – kostenlose Kopien erhalten Sie über AnnualCreditReport.com. Bewahren Sie außerdem Ihre Sozialversicherungskarte, Geburtsurkunde und andere sensible Dokumente an einem sicheren, verschlossenen Ort auf – nicht in Ihrer Brieftasche oder Ihrem E-Mail-Postfach.

Wie Sie sich vor zukünftigen Angriffen schützen

Die meisten Fälle von Identitätsdiebstahl entstehen durch schlechte digitale Gewohnheiten – die Wiederverwendung desselben Passworts, das Anklicken von Phishing-E-Mails, das Teilen sensibler Daten in öffentlichen WLAN-Netzen oder das Ignorieren von Software-Updates. Beginnen Sie jetzt mit starken Cybersicherheits-Gewohnheiten: Nutzen Sie VPNs in öffentlichen Netzwerken, teilen Sie keine persönlichen Informationen in sozialen Medien und überprüfen Sie jede verdächtige Nachricht oder jeden verdächtigen Anruf kritisch.

Seien Sie besonders vorsichtig mit Papierpost. Schreddern Sie alte Dokumente, insbesondere solche mit finanziellen oder medizinischen Informationen. Lassen Sie ausgehende Post nicht über Nacht im Briefkasten liegen – sie ist ein beliebtes Ziel für Diebe, die nach Kontonummern und persönlichen Daten suchen.

Bringen Sie auch Ihren Familienmitgliedern – insbesondere älteren Eltern und Jugendlichen – bei, wie Identitätsdiebstahl funktioniert. Viele Fälle entstehen, weil ein Familienmitglied unwissentlich die Daten des gesamten Haushalts preisgibt.

Identitätsdiebstahl kann sich anfühlen, als hätte jemand Ihren Namen, Ihre Bonität und Ihre Kontrolle gestohlen. Doch indem Sie schnell reagieren, Ihre Daten absichern und intelligentere Gewohnheiten entwickeln, können Sie diese

Kontrolle zurückgewinnen – und es anderen erheblich erschweren, sie Ihnen erneut zu nehmen.

Nicht mein Name, nicht meine Schulden

Anthony hatte gerade ein Jobangebot erhalten. Es war seine Traumstelle bei einem schnell wachsenden Fintech-Startup – besseres Gehalt, flexible Remote-Arbeit und ein großzügiger Einstiegsbonus. Alles schien perfekt zu laufen.

Doch während der Hintergrundüberprüfung rief die Personalabteilung mit einem ernsten Problem an. „Ihre Kreditauskunft zeigt mehrere ausgefallene Konten – darunter einen Autokredit und eine Kaufhauskreditkarte. Waren Ihnen diese bekannt?"

Anthony blieb das Herz stehen.

„Nein", sagte er leise. „Das gehört nicht mir."

Noch am selben Abend loggte er sich in seine Kreditauskunft ein – etwas, das er seit Monaten nicht getan hatte. Dort waren sie: mehrere Konten, die unter seinem Namen eröffnet worden waren. Die Zahlungen waren überfällig. Ein Konto war mit einer Adresse in einem Bundesstaat verknüpft, in dem er nie gelebt hatte.

Er war nicht Opfer eines gewöhnlichen Betrugs geworden. Er war Opfer von Identitätsdiebstahl. Und er hatte keine Ahnung, wie weit der Schaden bereits ging.

Kapitel 10: Eine lebenslange Cybersicherheits-Denkweise entwickeln

Zu viele Menschen betrachten Cybersicherheit als eine einmalige Einrichtung – ein Antivirenprogramm installieren, ein paar Passwörter ändern, Zwei-Faktor-Authentifizierung aktivieren, und fertig. Doch in Wirklichkeit ist Cybersicherheit nicht nur eine Aufgabe. Sie ist eine Denkweise – eine Art zu denken, die digitale Sicherheit in Ihren Alltag integriert. Bedrohungen entwickeln sich ständig weiter, und Ihr Bewusstsein muss sich ebenso weiterentwickeln. Ob Sie zu Hause sind, reisen, online einkaufen oder remote arbeiten – Ihre Fähigkeit, kritisch zu denken und online vorsichtig zu handeln, bestimmt Ihr Schutzniveau. Eine lebenslange Cybersicherheits-Denkweise verwandelt Reaktion in Prävention.

Informiert bleiben, ohne sich überwältigen zu lassen

Eine der größten Herausforderungen der Cybersicherheit besteht darin, auf dem neuesten Stand zu bleiben. Neue Betrugsmaschen, Phishing-Techniken und Malware-Kampagnen entstehen täglich. Informiert zu bleiben bedeutet jedoch nicht, paranoid oder ständig ängstlich zu werden. Es bedeutet, ein gesundes Bewusstsein zu entwickeln und Bildung zur Gewohnheit zu machen. Abonnieren Sie einen vertrauenswürdigen Cybersicherheits-Newsletter, hören Sie monatliche Podcasts oder verfolgen Sie Warnmeldungen von Organisationen wie der Federal Trade Commission, Cybersecurity and Infrastructure Security Agency oder Krebs on Security.

Machen Sie es zu einem Teil Ihrer wöchentlichen Routine, Artikel oder Nachrichtenübersichten kurz zu überfliegen. Je vertrauter Sie mit aktuellen Bedrohungen und Taktiken werden, desto besser erkennen Sie diese im echten Leben. Betrachten Sie es wie Zähneputzen – kleine, konsequente Maßnahmen verhindern langfristige Schäden.

Andere unterrichten und die „menschliche Firewall" stärken

Eine der wirkungsvollsten Methoden, Ihre Cybersicherheits-Denkweise zu stärken, besteht darin, Ihr Wissen weiterzugeben. Helfen Sie Ihrer Familie, Kollegen und Freunden, häufige digitale Bedrohungen zu verstehen. Die meisten Sicherheitsverletzungen entstehen nicht durch hochentwickelte Technologie – sondern weil jemand auf den falschen Link geklickt oder ein schwaches Passwort verwendet hat. Das sind menschliche Fehler, und sie sind vermeidbar.

Je mehr Menschen in Ihrem Umfeld wissen, wie man eine Phishing-E-Mail erkennt, Software aktualisiert oder einen Passwort-Manager verwendet, desto sicherer werden alle. Sie müssen kein Technikexperte sein, um etwas zu bewirken. Schon das Teilen Ihres Wissens kann helfen, eine „menschliche Firewall" aufzubauen – das kollektive Verhalten aufmerksamer und informierter Menschen, die als erste Verteidigungslinie fungieren.

Cybersicherheit in tägliche Gewohnheiten integrieren

Beginnen Sie damit, Sicherheit in Ihre täglichen Routinen einzubauen. Verwenden Sie jedes Mal, wenn Sie einen neuen Login erstellen, Ihren Passwort-Manager. Wenn Sie öffentliches WLAN nutzen, aktivieren Sie Ihr VPN. Wenn Sie eine unerwartete Nachricht mit einem Link erhalten, überprüfen Sie zuerst die Quelle. Und wenn Sie eine Benachrichtigung über ein Software-Update erhalten, installieren Sie es.

Üben Sie die Technik „anhalten und überprüfen". Fragen Sie sich vor der Eingabe von Informationen: Ist dies eine sichere Webseite? Stammt diese Nachricht wirklich von meiner Bank? Wirkt dieser Download verdächtig? Diese kleinen Entscheidungen dauern nur Sekunden, reduzieren aber Ihr Risiko erheblich.

Nehmen Sie sich außerdem jedes Quartal Zeit für eine digitale Grundreinigung: Überprüfen Sie App-Berechtigungen, löschen Sie ungenutzte Konten, leeren Sie den Browserverlauf und ändern Sie wichtige Passwörter. Betrachten Sie es als Frühjahrsputz für Ihr digitales Leben.

Das Gleichgewicht zwischen Komfort und Sicherheit finden

Wir alle lieben Bequemlichkeit. Autofill-Logins, Smart-Home-Geräte und Einkäufe mit einem Klick machen das Leben einfacher. Doch mit jeder Bequemlichkeit kommt ein potenzieller Preis. Eine starke Cybersicherheits-Denkweise bedeutet, diesen Kompromiss zu erkennen und bewusste Entscheidungen zu treffen. Das kann bedeuten, zusätzliche 30 Sekunden für einen Login mit Zwei-Faktor-Authentifizierung zu investieren. Oder Standortverfolgung zu deaktivieren beziehungsweise Kreditkartendaten nicht im Browser zu speichern.

Sie müssen nicht jeden Komfort eliminieren – aber Sie sollten wissen, wo die Grenze liegt. Fragen Sie sich immer: Ist diese Bequemlichkeit die zusätzliche Gefährdung wert? Kann ich eine zusätzliche Schutzebene hinzufügen, ohne die Benutzerfreundlichkeit zu verlieren? Intelligente Entscheidungen schaffen das Gleichgewicht zwischen Komfort und Kontrolle.

Sich mit der Bedrohungslandschaft weiterentwickeln

Cybersicherheit ist niemals abgeschlossen. Während sich Technologie weiterentwickelt – von Smart Homes und Wearables bis hin zu KI-gestütztem Betrug – muss sich auch Ihre Denkweise anpassen. Was heute funktioniert, kann morgen veraltet sein. Verpflichten Sie sich zu kontinuierlicher Verbesserung. Lernen Sie jetzt die Grundlagen, bleiben Sie aber flexibel und neugierig auf das, was als Nächstes kommt.

Bereiten Sie sich außerdem auf das Unerwartete vor. Wissen Sie, was zu tun ist, wenn Ihre Daten gestohlen werden, Ihre Konten kompromittiert werden oder Ihre Identität missbraucht wird. Haben Sie einen schriftlichen Backup-Plan, sichere Offline-Kopien Ihrer Wiederherstellungscodes und eine vertrauenswürdige Kontaktperson, die Sie im Notfall konsultieren können.

Der wichtigste Teil einer Cybersicherheits-Denkweise ist der Glaube daran, dass Sie dazu in der Lage sind. Sie müssen weder Programmierer noch Hacker oder Technikgenie sein, um sich zu schützen. Sie müssen sich nur genug dafür interessieren, um aktiv zu werden.

Denn die sichersten Menschen im Internet sind nicht diejenigen, die am meisten wissen – sondern diejenigen, die niemals aufhören zu lernen.

Der Wandel

Priya dachte nie viel über Cybersicherheit nach – bis zu dem Tag, an dem sie beinahe ihr freiberufliches Unternehmen verlor.

Es begann mit einem kleinen Fehler. Sie arbeitete in ihrem Lieblingscafé, trank Chai und aktualisierte ein Angebot, als plötzlich eine WLAN-Login-Seite erschien. Sie sah aus wie das übliche Portal des Cafés, also gab sie ihre E-Mail-Adresse ein und klickte auf „Verbinden".

Nichts schien ungewöhnlich.

Doch später am Abend bemerkte sie, dass sich jemand von einem unbekannten Ort in ihr Gmail-Konto eingeloggt hatte. Dann funktionierte plötzlich ihr Dropbox-Passwort nicht mehr. Kurz darauf wurde sie aus dem Backend ihrer Webseite ausgesperrt.

Innerhalb weniger Stunden hatte jemand Zugriff auf ihre E-Mail, ihren Cloud-Speicher und ihre Portfolio-Webseite erhalten – das Herzstück ihres Geschäfts. Der Eindringling löschte nichts, hinterließ jedoch genug Chaos, um eine Woche voller Stress und panischer Kundenreaktionen auszulösen.

Priya war nicht durch rohe Gewalt gehackt worden. Sie war unvorsichtig gewesen – und das hatte gereicht.

Epilog: Ein sichereres Ich beginnt jetzt

Wenn Sie bis zu diesem Punkt gekommen sind, herzlichen Glückwunsch. Sie haben den ersten – und wichtigsten – Schritt zum Schutz Ihres digitalen Lebens gemacht: Bewusstsein. Das Internet hat verändert, wie wir leben, arbeiten und miteinander kommunizieren. Doch mit dieser Macht kommt Verantwortung. Wir können es uns nicht länger leisten, Cybersicherheit als Aufgabe anderer zu betrachten oder anzunehmen, dass Sicherheitseinstellungen, die wir vor Jahren einmal eingerichtet haben, heute noch ausreichen. Die Wahrheit ist: Cyberbedrohungen schlafen nicht. Aber Ihre Fähigkeit, ihnen einen Schritt voraus zu sein, schläft ebenfalls nicht.

Sie müssen kein Technikgenie oder Cybersicherheitsanalyst werden, um online sicher zu bleiben. Sie müssen lediglich aufmerksam bleiben, intelligente Gewohnheiten entwickeln und neugierig bleiben. Jede Geschichte in diesem Buch zeigte Beispiele aus der realen Welt von ganz normalen Menschen – Geschäftsinhabern, Eltern, Freiberuflern und Studenten –, die nicht deshalb angegriffen wurden, weil sie berühmt waren, sondern weil sie vernetzt waren. Genau wie Sie.

Die digitale Welt belohnt Geschwindigkeit, Komfort und ständiges Teilen. Doch genau diese Eigenschaften können uns auch verletzlich machen. Ein Klick, ein wiederverwendetes Passwort, ein ungeprüfter Link – oft reicht das bereits aus, um Opfer zu werden. Deshalb ist Cybersicherheit kein reines Softwareproblem. Es ist ein menschliches Entscheidungsproblem. Und die gute Nachricht ist: Menschen können lernen. Und genau das haben Sie bereits getan.

Dieses Buch hat Ihnen nicht nur Tipps gegeben. Es hat Ihnen ein System vermittelt: Sichern Sie Ihre Geräte, schützen Sie Ihre Konten, erkennen Sie Betrugsversuche, sichern Sie Ihre Daten, denken Sie kritisch und teilen Sie Ihr Wissen mit den Menschen, die Ihnen wichtig sind. Wenn Sie diese Dinge konsequent tun – nicht perfekt, sondern regelmäßig – werden Sie bereits sicherer sein als 90 % der Bevölkerung.

Sie haben nun ein Fundament aufgebaut. Die Herausforderung besteht jetzt darin, es stark zu halten.

Cybersicherheit ist kein Ziel. Sie ist ein Lebensstil. Während sich neue Bedrohungen entwickeln – von KI-generierten Phishing-Angriffen über biometrische Täuschungen bis hin zu Deepfake-Identitätsbetrug – besteht Ihre Aufgabe darin, sich anzupassen, nicht in Panik zu geraten. Bleiben Sie ruhig, bleiben Sie informiert, und wenn Sie etwas nicht verstehen, nehmen Sie sich fünf Minuten Zeit, um es zu recherchieren.

Oft reicht genau diese Pause aus, um einen Betrug zu erkennen oder eine Einstellung richtig abzusichern.

Lassen Sie sich nicht entmutigen, wenn Sie einmal einen Schritt vergessen oder Ihre Aufmerksamkeit nachlässt. Entscheidend ist Ihre Bereitschaft, sich zu korrigieren. Mit jedem Artikel, jedem Update und jedem neuen Bewusstseinsmoment werden Sie klüger. Betrachten Sie Ihre digitale Hygiene genauso wie das Abschließen Ihrer Haustür, das Händewaschen oder das Anschnallen im Auto. Es ist nichts Dramatisches. Es ist einfach nur klug.

Wenn Sie Eltern sind, bringen Sie es Ihren Kindern früh bei. Wenn Sie Führungskraft sind, schulen Sie Ihr Team. Wenn Sie Teil einer Gemeinschaft sind, teilen Sie die einfachen Wahrheiten, die Sie hier gelernt haben. Die meisten Menschen werden nicht Opfer von Cyberkriminalität, weil sie dumm sind. Sie werden Opfer, weil ihnen nie gezeigt wurde, worauf sie achten müssen.

Doch jetzt, da Sie es wissen, können Sie mit gutem Beispiel vorangehen.

Sie können der Grund sein, warum Ihr Haushalt sicherer ist. Sie können die Stimme im Meeting sein, die alle daran erinnert, Links zu überprüfen, bevor sie angeklickt werden. Sie können der Freund sein, der anderen erklärt, wie man seine Kreditwürdigkeit einfriert, Phishing meldet oder eine gestohlene Identität wiederherstellt. Ein einziges Gespräch kann das Leben eines Menschen verändern – oder sein digitales Leben retten.

Und wenn Sie frustriert werden – wenn Passwörter überwältigend wirken oder Datenschutz unmöglich erscheint –, denken Sie daran: Sie sind nicht machtlos. Sie sind besser vorbereitet als die meisten anderen. Und genau diese Vorbereitung verschafft Ihnen Kontrolle.

Cybersicherheit bedeutet nicht, dass Sie niemals angegriffen werden. Sie bedeutet, dass Sie wissen, was zu tun ist, wenn es passiert.

Nehmen Sie sich also einen Moment Zeit und erkennen Sie an, wie weit Sie gekommen sind. Vom Verständnis darüber, wie Betrüger arbeiten, bis hin zur Absicherung Ihrer Passwörter und dem Schutz Ihrer Kinder im Internet – Sie haben Fähigkeiten entwickelt, die die meisten Menschen niemals lernen werden. Sie haben nicht nur zugehört. Sie haben Ihre Denkweise verändert.

Das ist der wahre Erfolg.

Wenn Sie dieses Buch schließen, denken Sie an diese letzte Wahrheit: Cybersicherheit bedeutet nicht nur Verteidigung. Sie bedeutet Selbstbestimmung. Ihre Daten gehören Ihnen. Sie kontrollieren Ihre Online-Identität. Sie setzen die Grenzen Ihres digitalen Lebens.

Und jetzt sind Sie bereit, diese zu verteidigen – nicht mit Angst, sondern mit Selbstvertrauen.

Gehen Sie also weiter – nicht nur als Nutzer von Technologie ... sondern als ihr Meister.

Denn in einer Welt, in der Daten Macht bedeuten, sind Sie gerade stärker geworden als je zuvor.

www.ingramcontent.com/pod-product-compliance
Lightning Source LLC
LaVergne TN
LVHW040521210926
848480LV00007BA/1547